Behandelmodule zelfbeeldversterking
en sociale vaardigheid voor kinderen

Behandelmodule zelfbeeldversterking en sociale vaardigheid voor kinderen

10x doen

Ingeborg Grootendorst en Merel Smit

Bohn Stafleu van Loghum

Houten 2016

© Bohn Stafleu van Loghum, onderdeel van Springer Media BV
Alle rechten voorbehouden. Niets uit deze uitgave mag worden verveelvoudigd, opgeslagen in een geautomatiseerd gegevensbestand, of openbaar gemaakt, in enige vorm of op enige wijze, hetzij elektronisch, mechanisch, door fotokopieën of opnamen, hetzij op enige andere manier, zonder voorafgaande schriftelijke toestemming van de uitgever.

Voor zover het maken van kopieën uit deze uitgave is toegestaan op grond van artikel 16b Auteurswet j° het Besluit van 20 juni 1974, Stb. 351, zoals gewijzigd bij het Besluit van 23 augustus 1985, Stb. 471 en artikel 17 Auteurswet, dient men de daarvoor wettelijk verschuldigde vergoedingen te voldoen aan de Stichting Reprorecht (Postbus 3060, 2130 KB Hoofddorp). Voor het overnemen van (een) gedeelte(n) uit deze uitgave in bloemlezingen, readers en andere compilatiewerken (artikel 16 Auteurswet) dient men zich tot de uitgever te wenden.

Samensteller(s) en uitgever zijn zich volledig bewust van hun taak een betrouwbare uitgave te verzorgen. Niettemin kunnen zij geen aansprakelijkheid aanvaarden voor drukfouten en andere onjuistheden die eventueel in deze uitgave voorkomen.

ISBN 978 90 368 1063 0
NUR 770

Ontwerp binnenwerk: Studio Bassa, Culemborg
Automatische opmaak: Pre Press Media Groep, Zeist
Illustraties: Marcel Jurriëns

Bohn Stafleu van Loghum
Het Spoor 2
Postbus 246
3990 GA Houten

www.bsl.nl

Inhoud

	Inleiding	7
1	Laten merken dat ik luister	21
2	Een vraag stellen	27
3	Aardig doen	33
4	Gevoelens: herkennen van gevoelens bij anderen	37
5	Zeggen hoe je je voelt	43
6	Jezelf rustig maken	49
7	Slim kiezen	55
8	Aan een ander denken / rekening houden met een ander	61
9	Samen spelen en werken: overleggen	69
10	Reageren op plagen en pesten	73
	Literatuur	77
	Over de auteurs	79
	Dankwoord	80

Inleiding

Ontstaan werkboek en relevantie

De methode 10x doen is ontstaan vanuit de behoefte om zowel sociale vaardigheden te versterken als de eigenwaarde van kinderen met een lichte verstandelijke beperking te vergroten. Er bleken specifiek voor jonge kinderen onvoldoende passende methodes te bestaan die aansluiten bij de belevingswereld en het cognitieve maar ook het sociaal-emotionele ontwikkelingsniveau. Behandelaren van de Bascule hebben in samenwerking met Marca Geeraets van PI Research een behandelmethode ontwikkeld om in deze behoefte te voorzien.

Door dezelfde thema's enerzijds in de sociale vaardigheidstraining en anderzijds vaktherapeutisch aan te bieden, ontstond een veelbelovende combinatie waarin vaardigheden op individueel en groepsniveau getraind en geoefend kunnen worden. Deze behandeling wordt door de kinderen positief gewaardeerd. Door middel van praktische oefeningen en opdrachten ondergaan kinderen spelenderwijs gedragsverandering.

Ondanks het vergrote risico op probleemgedrag bij kinderen met een lichte verstandelijke beperking (Van Nieuwenhuijzen, Orobio de Castro & Matthys, 2006; NJi, 2015a) zijn er relatief weinig effectieve behandelmethodes voor deze doelgroep (Didden & Moonen, 2013) Uit onderzoek blijkt dat jeugdigen met een lichte verstandelijke beperking een drie tot vier keer hoger risico hebben op het ontwikkelen van psychopathologie dan normaal begaafde leeftijdgenoten (Dekker, Koot, Van der Ende & Verhulst, 2002). Wanneer probleemgedrag niet effectief wordt behandeld, is er een kans dat jeugdigen in een negatieve spiraal terechtkomen, waarbij de kans bestaat dat ze met justitie in aanraking komen. Naar schatting behoort ongeveer een kwart van de jongeren in de justitiële inrichtingen tot deze groep jeugdigen met een lichte verstandelijke beperking (Wegwijzer Jeugd en Veiligheid, 2015). De relevantie van een behandeling voor kinderen met een lichte verstandelijke beperking en bijkomende (gedrags-)problemen is dan ook groot. Vroege signalering van een lichte verstandelijke beperking en gedragsproblemen bij kinderen kan problemen voorkomen en zorgen dat efficiënte en geschikte programma's worden ingezet (GGD, 2015).

10x doen is geschikt om aan te bieden binnen psychiatrische instellingen, in de gehandicaptenzorg of op scholen. Mogelijke behandelaren naast een vaktherapeut kunnen zijn: sociotherapeuten, psychologen of orthopedagogen en kindercoaches. Het is belangrijk dat de behandelaar affiniteit heeft met de doelgroep, enthousiast is en zich kan verplaatsen in de belevingswereld van de cliënt.

Een essentieel en werkzaam element van 10x doen is de intensieve samenwerking met ouders en leerkrachten op scholen. Dit is van belang omdat kinderen met een lichte verstandelijke beperking vaak moeite hebben om nieuw geleerde vaardigheden op andere plekken te laten zien – dit wordt ook wel generalisatie genoemd. Het helpt als de talenten van de kinderen ook herkend worden door leerkrachten en ouders om ze verder te kunnen ontwikkelen. Binnen 10x doen maken kinderen tastbare 'creaties' om mee naar huis of school te nemen en te laten zien. Hierdoor wordt de generalisatie naar huis en naar school gestimuleerd.

Wat is een lichte verstandelijke beperking?

Definitie

Over de definitie van een lichte verstandelijke beperking (LVB) is veel te doen. Momenteel worden kinderen vaak gescreend door middel van een intelligentieonderzoek. Kinderen met een intelligentiescore tussen de 70 en 85 worden zwakbegaafd genoemd en kinderen met een lichte verstandelijke beperking hebben een IQ tussen de 50–55 en 70 (APA, 2015). De praktijkdefinitie van een lichte verstandelijke beperking omvat de gehele groep kinderen met een IQ tussen de 55 en 85 (NJI, 2015b). Uit onderzoek van MEE blijkt dat er 'in Nederland (...) ongeveer 450.000 jongeren (0–18 jaar) zijn met een IQ tussen 50 en 85. Bij ongeveer 250.000 jongeren is er sprake van bijkomende problematiek. Zij hebben vaker en meer professionele ondersteuning nodig van (een combinatie van) algemene en gespecialiseerde voorzieningen' (Stichting MEE, 2015).

Een groot deel van deze kinderen hebben een disharmonisch intelligentieprofiel waarbij er sprake is van significante verschillen in de scores op verschillende onderdelen van de test. Dat kan betekenen dat ze bijvoorbeeld beter zijn met woorden dan met getallen, of juist andersom.

Naast een IQ-score is het adaptief vermogen bepalend voor het vaststellen van een lichte verstandelijke beperking. De definitie luidt als volgt: 'Een verstandelijke handicap verwijst naar substantiële beperkingen in zowel intellectueel functioneren als in conceptuele, sociale, en praktische adaptieve vaardigheden. De verstandelijke handicap komt voor het 18e levensjaar tot uiting' (Buntinx, 2003). Beperkingen in het intellectueel functioneren leiden als vanzelfsprekend tot beperkingen (of uitdagingen) in het dagelijks leven.

LVB, wat nu?

Alle kinderen met een lichte verstandelijke beperking zijn verschillend. Bij de meeste kinderen is niet zichtbaar dat ze een cognitieve beperking hebben. Ze zien er net zo uit als andere kinderen, hebben regelmatig een grote mond of zijn bijdehand. Omdat ze niet zichtbaar beperkt zijn, is het risico op overvraging groot (Stichting MEE, 2015). Kinderen zijn erg flexibel en creatief en vaak hebben ze alternatieve overlevingsstrategieën ontwikkeld om hun beperkingen te maskeren.

Hier volgt een voorbeeld van een jongen die overvraagd wordt:

C is een jongen van negen jaar met een verstandelijke beperking. Moeder vraagt aan C waar ze het blaadje met de afspraken van school zal ophangen: op de koelkast of op zijn kamer. C zegt dat hij niets wil en loopt boos weg. Als moeder hem terugroept en de tijd neemt om erachter te komen wat er speelt, blijkt dat hij helemaal niet begreep wat moeder vroeg. Hij wist ook niet meer wat er op het briefje van school stond en reageerde geïrriteerd en boos omdat hij verwachtte dat het iets vervelends zou zijn.

Naast de disharmonie binnen het intelligentieprofiel is er bij veel kinderen met een verstandelijke beperking sprake van een disharmonisch ontwikkelingsprofiel. Er worden met name verschillen gevonden tussen het verstandelijk en sociaal- en/of emotioneel functioneren (Došen, 1990). 'Dit verschil wordt gezien als de oorzaak van veel psychische en gedragsproblemen' (Meeusen-van de Kerkhof, Van Bommel, Van de Wouw & Maaskant, 2001). Het komt geregeld voor dat een reactie van een kind meer past bij zijn/haar emotionele niveau, wat lager kan liggen dan zijn/haar intellectuele niveau. Een voorbeeld hiervan is: een kind van elf jaar oud verpest in zijn beleving zijn tekening omdat hij buiten de lijntjes kleurt. Hij reageert boos en gefrustreerd, verfrommelt zijn tekening en gooit deze weg. Hij loopt van tafel, de klas uit en gooit met de deur. Dit gedrag is niet passend bij zijn kalenderleeftijd.

Op sociaal gebied hebben kinderen met een lichte verstandelijke beperking meer moeilijkheden dan normaal begaafde leeftijdgenootjes. Kinderen met een lichte verstandelijke beperking worden minder geaccepteerd door andere kinderen en hebben meer moeite met het onderhouden van hun vriendschappen (Freeman, 2000). Daarbij hebben ze meer emotionele en gedragsproblemen (Van Nieuwenhuijzen e.a., 2006). Deze kinderen hebben bijvoorbeeld weinig invoelend vermogen, zijn sterk beïnvloedbaar en kunnen geen aansluiting vinden bij leeftijdgenoten (Jacobs, Turner, Faust & Stewart, 2002).

Binnen de sociale-informatieverwerking is er ook een aantal verschillen ten opzichte van normaal begaafde jongeren. Kinderen met een lichte verstandelijke beperking zijn eerder geneigd om neutrale informatie negatief te interpreteren. Hierdoor worden ze sneller boos en zullen ze sneller agressieve oplossingen kiezen dan assertieve. Ze hebben vaker conflicten en komen vaker in de problemen, bijvoorbeeld op straat of op school. Daarnaast hebben kinderen met een lichte verstandelijke beperking moeite met het correct herkennen van emoties.

Bij kinderen met een lichte verstandelijke beperking zijn het werkgeheugen en de executieve functies minder sterk ontwikkeld (De Beer, 2011). Kinderen met een verstandelijke beperking hebben daarom moeite met het begrijpen en beoordelen van informatie en met plannen, organiseren en het leggen van oorzaak-gevolgrelaties. Ook hun metacognitie is beperkt ontwikkeld. Dit betekent dat ze minder goed over zichzelf kunnen nadenken (Van Nieuwenhuijzen e.a., 2006). Het is voor hen lastig om de gevolgen van hun gedrag te overzien.

Deze beperkingen maken hen zeer kwetsbaar. Daarnaast is de situatie waarin deze kinderen opgroeien van belang. Als kinderen verkeerde voorbeelden hebben, kunnen ze inadequate copingstrategieën ontwikkelen. Voorbeelden hiervan zijn schelden of slaan bij (lichte) frustratie.

Concluderend zijn er vele factoren die kinderen met een lichte verstandelijke beperking extra kwetsbaar maken. Stel je eens voor: de wereld gaat te snel en je snapt niet waar mensen het over hebben. In de klas snap je de opdrachten niet. Andere kinderen vinden je niet aardig. Je gaat je vervelen en je vertoont gedragsproblemen. Je krijgt straf, maar weet niet waarom. Je gaat naar huis en krijgt een tik, en je weet niet waarom. Het enige wat je weet, is dat je stout bent en dat je dingen fout doet. Als je keer op keer dezelfde negatieve ervaring hebt, kan er een klein trauma ontstaan. Elke keer dat je je naam hoort, denk je dat je weer straf krijgt. Je gaat op je tenen lopen en meer gedragsproblemen vertonen.

Comorbiditeit

Bij kinderen met een IQ tussen de 55 en de 85 komt meer probleemgedrag voor dan bij kinderen en jeugdigen met een IQ boven de 85. Bovendien lopen kinderen in de eerstgenoemde groep een groter risico om op latere leeftijd psychiatrische stoornissen, emotionele en gedragsproblemen en delinquent gedrag te ontwikkelen (Van Nieuwenhuijzen e.a., 2006).

Dit zijn belangrijke redenen om in de behandeling van deze kinderen vaardigheidstrainingen op te nemen, omdat aangenomen wordt dat bij het verbeteren van sociale vaardigheden het probleemgedrag zal afnemen. Voor de kinderen zelf is het prettig als hun sociale contacten (meer) positief verlopen.

Uit onderzoek is gebleken dat kinderen met een IQ tussen 55 en 85 vanwege hun cognitieve beperkingen niet veel baat hebben bij reguliere vaardigheidstrainingen en behandelingen. 'Psychosociale behandeling zou aan de cognitieve capaciteiten van LVG jeugdigen aangepast moeten worden door taakverlichting (structuur, veiligheid) en op deze doelgroep toegesneden intensieve vormen van competentievergroting (o.a. herhaling, concretisering en kleine stappen)' (Van Nieuwenhuijzen e.a., 2006).

Xavier Moonen (Moonen & Verstegen, 2006) heeft een bruikbaar model ontwikkeld, dat laat zien hoe verschillende factoren met elkaar samenhangen. In dit overzicht is te zien dat met name de problemen in de sociale aanpassing kunnen leiden tot uiteenlopende problemen. Een beperking van dit model is echter het gebrek aan context. Een sterke context (omgeving) kan de beperkingen van het kind mogelijk gedeeltelijk compenseren.

LVB-specifieke kenmerken:	en bijkomende kenmerken/ problematiek:	komen tot uiting in:
INTELLIGENTIE: IQ 50-85	LEERPROBLEMEN	
BEPERKT SOCIAAL AANPASSINGSVERMOGEN	PSYCHIATRISCHE STOORNIS	ERNSTIGE GEDRAGSPROBLEMEN
	MEDISCH-ORGANISCHE PROBLEMEN	
	PROBLEMEN IN GEZIN EN SOCIALE CONTEXT	
en leiden tot: CHRONICITEIT / LANGDURIGE BEHOEFTE AAN ONDERSTEUNING		

Bron: Moonen & Verstegen, 2006

Externaliserende stoornissen

De methode 10x doen hebben we specifiek ontworpen voor kinderen met een lichte verstandelijke beperking en externaliserend probleemgedrag. Onder externaliserende stoornissen vallen gedragsproblemen die voor anderen storend zijn (NJi, 2015c). Hierbij zijn de problemen in het gedrag ernstiger en beperken deze het functioneren meer dan 'vervelend gedrag' passend bij de ontwikkelingsleeftijd. Een voorbeeld is een kind dat speelgoed op een agressieve manier afpakt van een ander kind. Dit gedrag past meer bij een peuter dan bij een twaalfjarige.

Voorbeelden van probleemgedrag zijn agressie (zowel verbaal als fysiek), pesten, schreeuwen, ongeduldig zijn, een lage frustratietolerantie, en moeite hebben met delen. Daarbij hebben veel van deze kinderen moeite met het accepteren van gezag en regels. Wanneer deze problemen voldoen aan de criteria genoemd in de DSM-V

(Hengeveld, 2014), worden ze externaliserende stoornissen genoemd. Voorbeelden van deze externaliserende stoornissen zijn: de aandachtsdeficiëntie-/hyperactiviteitsstoornis, de oppositioneel-opstandige stoornis en de normoverschrijdend-gedragsstoornis. Een voorbeeld van een jongen met een (L)VB en gedragsproblematiek wordt hieronder beschreven.

Casus S

S is een negenjarig jongetje. Hij heeft twee zussen en twee broers, en hij woont bij zijn moeder; vader is niet in beeld. S functioneert op licht verstandelijk beperkt niveau (VIQ= 62, PIQ= 70) en zit op het speciaal basisonderwijs. S heeft moeite om zich verbaal uit te drukken en te zeggen wat hij vindt en waarom.

S is aangemeld omdat hij conflicten heeft op school. Hij kan tijdens de lessen zijn aandacht er niet goed bij houden en is snel afgeleid. Hij gaat zich vervelen en irriteert anderen door geluid te maken, te wiebelen op zijn stoel en anderen veelvuldig aan te spreken. Wanneer hij op zijn gedrag wordt aangesproken, kan hij hier heel heftig op reageren; hij accepteert het gezag niet van de lerares, schreeuwt, gooit met de deuren en incidenteel gooit hij met stoelen. Omdat S moeite heeft met verbaal reageren, is het voor hem gemakkelijker om fysiek te reageren. Tijdens het buitenspelen snapt hij de regels niet, waardoor anderen vinden dat hij valsspeelt. Hij kan niet op zijn beurt wachten. Andere kinderen vinden hem stoer, willen graag bij hem horen, maar zijn ook een beetje angstig als hij boos wordt.

Sinds S klein is, krijgt hij te horen wat hij NIET goed doet: 'niet rennen', 'niet praten', 'niet gillen', 'niet valsspelen'. Inmiddels is hij gewend dat hij iets negatiefs hoort als zijn naam genoemd wordt. Dit maakt dat hij direct boos reageert zodra de juf hem aanspreekt. Ook krijgt hij soms ten onrechte de schuld; als er twijfel is wie er schuldig is, is het gemakkelijk te zeggen dat het zijn schuld is, het is immers vaak zo. Daarbij snapt hij vaak niet wat hij verkeerd heeft gedaan en waarom hij straf krijgt. De leerkracht of ouder gebruikt immers zo veel woorden, hij is allang vergeten waar het over ging. Dit maakt dat S steeds wantrouwender wordt en minder vertrouwen heeft in belangrijke volwassenen. De gedragsproblemen worden ernstiger en ernstiger.

Doelgroep behandelmodule

10x doen is geschikt voor alle kinderen in de basisschoolleeftijd, maar de methode is specifiek gericht op het versterken van de vaardigheden en het zelfbeeld van licht verstandelijk beperkte kinderen tussen de zes en de twaalf jaar. Deze kinderen zitten regelmatig op reguliere basisscholen. Vaak is de beperking niet zichtbaar en kunnen ze zich door overcompensatie redelijk redden in de maatschappij. Kinderen met dit benedengemiddelde intelligentieniveau kunnen *streetwise* zijn en hebben soms heel specifieke vaardigheden, die hen helpen te overleven op straat, het schoolplein of in huis.

10x doen richt zich op kinderen met een lichte verstandelijke beperking en externaliserend probleemgedrag, maar is zeker ook goed te gebruiken bij kinderen met andersoortige problematiek. 10x doen heeft als doel om kinderen sterker en vaardiger te maken in sociale situaties. 10x doen kan daarom ook goed gebruikt worden als preventieve training bij kinderen (op bijvoorbeeld speciale basisscholen) van wie wordt ingeschat dat ze mogelijk in de toekomst probleemgedrag gaan vertonen.

Kader

10x doen is ontstaan in de praktijk. We hebben gebruikgemaakt van bruikbare theorieën en behandelmethodes. We gaan ervan uit dat de manier waarop je denkt, je gedrag (mede) bepaalt – dit is gebaseerd op de cognitieve gedragstherapie. Door de gehele training heen stimuleren we kinderen na te denken voor ze overgaan tot actie. Dit doen we door regelmatig te zeggen: 'STOP, wat denk je nu? Wat vind je hiervan?' Als dit te moeilijk is, geven we de vragen meer sturing door een gesloten vraag te stellen, bijvoorbeeld: 'Vind je dit leuk?' Daarnaast is er aandacht voor de zintuiglijke ervaringen en worden kinderen gestimuleerd meer in het 'hier en nu' te zijn. Dit doen we door actieve (bewegings)oefeningen naast aandachtsoefeningen aan te bieden.

Om een adequate oplossing te kiezen voor een sociaal probleem is het belangrijk om informatie op een juiste manier te kunnen verwerken (Elling, 2008). Kinderen met een lichte verstandelijke beperking interpreteren informatie vaak negatief. We proberen binnen 10x doen kinderen het tegendeel te laten ervaren. Als ze denken dat ze 'het niet alleen kunnen', laten we hen ervaren dat ze het wel alleen kunnen. Dit vergroot hun zelfvertrouwen. We maken hierbij gebruik van de theorie van Kolb over ervaringsgericht werken (Kolb, 1984). Dit benoemen we dan ook nog door een compliment, bijvoorbeeld: 'A, wat heb jij goed doorgezet! Je hebt het helemaal alleen gedaan, topper!'

Binnen de doelgroep zien we twee groepen kinderen. De eerste groep is weinig gestimuleerd tot positief gedrag, heeft tot nu toe weinig aansturing en toezicht ervaren en heeft weinig vaardigheden en zelfvertrouwen. Vaak zijn deze kinderen verdrietig omdat ze zichzelf teleurstellen, en anderen ook. De andere groep heeft meer vaardigheden, maar laat deze niet zien. Deze kinderen denken vaak veel aan zichzelf en vergeten de ander. De morele ontwikkeling van deze laatste groep lijkt vaak minder gevorderd. Naar ons beste weten was er geen methode beschikbaar om de morele ontwikkeling van deze laatste groep kinderen met een lichte verstandelijke beperking te stimuleren. Daarom hebben we een vaardigheid toegevoegd die gaat over 'rekening houden met de ander'. Daarbij gaat het om het erkennen en herkennen van de grenzen van de ander en het innemen van het perspectief van de ander. Ook het eigen maken van deze vaardigheid vraagt veel herhaling. Dit kun je als behandelaar ondersteunen door regelmatig aan het kind te vragen: 'Wat zou hij nu denken?', of: 'Hoe zou hij zich voelen?' De aansturing en begeleiding van deze twee 'typen' kinderen vergt fijngevoeligheid van de therapeuten en behandelaren. Door goed te observeren en te ontdekken vanuit welke motivatie een kind zich gedraagt, kan de beste aansturing gekozen worden.

Daarnaast is het belangrijk dat de behandelaar fungeert als een positief rolmodel: iemand met wie de kinderen zich verbonden voelen en die ze kunnen zien als een voorbeeld (De Jong, 2014). Een positief rolmodel is actief geïnteresseerd in de ander en geeft de ander het gevoel dat hij/zij echt belangrijk is en 'gezien' wordt. Een responsieve relatie tussen behandelaar en kind is zeer belangrijk om voldoende veiligheid te bieden om tot leren te komen. Deze relatie bestaat onder andere uit het bieden van ondersteuning en structuur (Van der Helm, 2011).

De belangrijkste methode vanuit de vaktherapie die aan de basis ligt van 10x doen is de interactieve vaktherapeutische methodiek (Beelen & Oelers, 2000). Bij deze methode wordt in groepsverband met materialen gewerkt. Gedragingen worden gezien als functioneel voor het kind; als deze gedragingen ongewenst zijn voor het kind zelf of de omgeving worden alternatieven aangeboden. Door interactie met anderen én met het materiaal wordt gedrag zichtbaar en worden gewoontes sneller herkend.

Hierdoor kunnen direct alternatieve gedragingen aangeboden en geoefend worden. We onderscheiden interacties tussen de kinderen onderling, interacties tussen materiaal en kind en interacties tussen therapeut en kind.

In beeldende vaktherapie kunnen we in de manier waarop kinderen in een groep met materiaal werken een afspiegeling zien van hoe hun interacties in het dagelijks leven verlopen. Beeldend materiaal is niet altijd meer een vast onderdeel van de concrete leefomgeving van kinderen. Op school wordt het aangeboden, maar thuis veel minder in deze tijd van computers en kant-en-klaar gevormd speelgoed. Dit terwijl verbeelden en het concreet maken licht verstandelijk beperkte kinderen helpt om situaties te begrijpen en nieuwe mogelijkheden te ontdekken. Verbeelden en het gebruik van materialen is een proces dat zich deels bewust en deels onbewust afspeelt. Kinderen krijgen de gelegenheid een eigen vormtaal te ontwikkelen en hun gedachten op een eigen manier te ordenen en weer te geven via tekeningen en driedimensionale werkstukken. Als kinderen de kans krijgen om zelf voorkeuren te ervaren voor bepaalde materialen of een vormtaal, wordt de zelfkennis vergroot en het zelfbeeld versterkt. Kinderen kunnen in de 'flow' komen en zodoende positief ervarend leren door zelf creatief bezig te zijn.

Kinderen gebruiken materiaal bij het verbeelden van hun ideeën. Tijdens de vaktherapie kan dit model gebruikt worden om observaties en aansturing meer richting te geven. In een schema ziet dit er als volgt uit:

verschijningsvormen	kleur vorm structuur
doen appel op de zintuigen	aanraken zien ruiken horen voelen proeven
gedragspatronen worden zichtbaar	persoonlijke mogelijkheden leefomgeving cultuur
eigenheid drukt zicht uit in	reactie/bewerking uiting/vormgeving
bevordert integratie van	het materiële (vormgeving, handelingsvaardigheden, fysieke groei) het emotionele (gevoelens, behoefte, intuïtie) het rationele (kennis, vaardigheden, logica) het spirituele

(Bron: Beelen & Oelers, 2000)

De tweede theorie die van invloed is geweest op '10x doen' is de 'dialectische gedragstherapie' van Linehan (2000), waarbij de therapeut het kind stap voor stap leert hoe dit zich bewust kan worden van het eigen denken, voelen en handelen. Ook de therapeutische houding die wordt beschreven in deze behandelmethode heeft vele werkzame elementen die in 10x doen terug te vinden zijn, zoals de warme, betrokken en transparante houding van de begeleiders, die van wezenlijk belang is om de kinderen te motiveren tot verandering.

Behandelklimaat

Om een maximaal behandelresultaat van 10x doen te realiseren, zijn de behandelrelatie en de werkrelatie van essentieel belang. Naast affiniteit met de doelgroep is het van groot belang om veiligheid te creëren in de groep. Dit kan erg moeilijk zijn in een groep gedragsgestoorde kinderen. De basis hiervoor ligt in het kaderen, structureren en consequent zijn van de behandelaar. Groepsregels waarover de kinderen zelf hebben meegedacht, zorgen voor een gedeelde verantwoordelijkheid voor de sfeer en hebben een positief effect op de resultaten. Het is belangrijk dat de kinderen merken dat ze invloed hebben op hun omgeving. Reageer dan ook altijd positief op vragen en feedback. Op deze manier moedig je het kind aan om contact te maken. Als een kind naar je toe komt met een vraag, begin dan met de reactie: '(Naam), wat goed dat je het me komt vragen, want zo krijg je meer duidelijkheid.' Dit tenzij het kind buitenproportioneel veel vragen heeft, dan dien je dit te kaderen door bijvoorbeeld aan te geven dat hij/zij één vraag per vijf minuten mag stellen. Reageer dan ook weer positief als dit lukt.

De houding van behandelaar is boven alles positief en inventief. Als behandelaar ben je gericht op het proces en niet op het resultaat. Een concreet voorbeeld hiervan is zeggen: 'Wat ben je geconcentreerd aan het tekenen', of: 'Wat doe je goed je best!', in plaats van: 'Wat een mooie tekening', of: 'Jij hebt de mooiste gemaakt!' Vaak bestaat er bij deze kinderen onderling al meer dan genoeg concurrentiestrijd, dus probeer deze als behandelaar niet te voeden. Iedereen is anders, en iedereen heeft zijn eigen kwaliteiten. Probeer altijd te sturen op vaardigheden die versterkt moeten worden, bijvoorbeeld: doorzetten als je iets moeilijk vindt, concentreren, op jezelf letten, samenwerken, vragen stellen. Voor deze vaardigheden geef je gerichte complimenten. Om iets korte tijd vol te kunnen houden, hebben veel van deze kinderen enorm veel aanmoediging nodig. Het kan onnatuurlijk voelen om zo veel complimenten en aardige dingen te zeggen. Sommige kinderen hebben echter zo veel faalervaringen gehad dat ze dit nodig hebben om een activiteit voor korte tijd vol te houden.

Een belangrijk onderdeel binnen 10x doen is het stimuleren van ideeën, waarbij de essentie is: 'elk idee is een goed idee.' Hiermee wordt het creatieve proces gestimuleerd. Daarnaast gaat het om out of the box denken, doorzetten, versterken van eigenheid, leren van elkaar, en proberen. Van de behandelaar wordt verwacht dat deze participeert en observeert. Maak als behandelaar je eigen projecten niet té mooi. Maak soms expres fouten en benoem die hard op, bijvoorbeeld: 'O chips, ik heb het verkeerd geknipt! Nu moet ik het opnieuw doen ... Oké, ik ga het gewoon opnieuw proberen.' Op deze manier leren de kinderen dat ook volwassenen 'fouten' maken, dat dit 'oké' is. Als behandelaar is het belangrijk goed op te letten wat de effecten van het eigen handelen op de kinderen zijn. Nogmaals, pas waar nodig je houding aan, en durf te experimenteren.

De behandelaar is nieuwsgierig, wil snappen waarom een kind kiest voor een bepaalde vormgeving of onderwerp. Dit laat de behandelaar zien door veel vragen te stellen ('Wat is je plan?') en vaak te benoemen wat het kind aan het doen is ('Je pakt nu de schaar'). Zeker wanneer het kind snel afgeleid is, helpen deze opmerkingen hem/haar om op zichzelf te letten. Daarnaast merken en ervaren de kinderen dat ze gezien worden, dat de behandelaren betrokken zijn en hen ondersteunen waar ze dat nodig hebben. Dit is met name van belang voor kinderen die emotioneel tekort zijn gekomen. Deze interventies zijn erop gericht hen meer bewust te maken van de ervaring en de werkrelatie te verstevigen.

Een goede behandeling vraagt een sensitieve houding van de behandelaar. Malaguzzi (in Giudici, Rinaldi & Krechevsky, 2008) zegt het mooi: *'We need a teacher who is sometimes the director, sometimes the set designer, sometimes the curtain and the backdrop, and sometimes the prompter. A teacher who is both sweet and stern. Who is the electrician, who dispenses the paints, and who is even the audience – the audience who watches, sometimes claps, sometimes remains silent, who sometimes judges with skepticism and other times applauds with enthusiasm.'*

De behandelaar past zich aan aan het individuele kind en is zich bewust van de problematiek en van het niveau. Als een kind hechtingsproblemen heeft, blijf dan neutraal van toon, duidelijk, consequent en nabij. Heeft een kind een zwak zelfbeeld, geef dan veel complimenten en stimuleer hem/haar om zichzelf complimenten te geven. Lijkt het kind weinig aan anderen te denken, stuur dan vaak op de emotieherkenning bij de ander, samenwerken en rekening houden met anderen en geef juist hier complimenten voor. Pas de wijze van handelen aan als het niet, of niet voldoende, werkt. Deze aanpassing kan benoemd worden tegen het kind of tegen een collega in het bijzijn van het kind. Op deze manier blijft de behandelaar eerlijk en transparant en weet het kind waarom er anders gereageerd wordt. Als je bijvoorbeeld merkt dat een kind zich niet met de opdracht bezighoudt, maar let op zijn omgeving, kun je hardop zeggen: '(Naam collega), ik ga dicht bij (naam kind) zitten omdat ik merk dat het hem niet lukt om zich aan de opdracht te houden.' Of als een kind je instructies niet opvolgt: '(Naam kind), ik merk dat ik te veel praat, ik ga proberen minder te praten en kortere zinnen te maken zodat het voor jou duidelijker is.'

De behandelaar is zich bewust van de eigen voorbeeldfunctie *(modelling)* en gebruikt deze door processen op gang te brengen, te versnellen of te verdiepen.

Om voor een veilig klimaat en goede behandelresultaten te zorgen zijn, naast een goede samenwerking, sterke behandelaren belangrijk, die stevig in hun schoenen staan. Kinderen met gedragsproblemen zijn een kei in het zoeken naar uitzonderingen, het omzeilen van regels en het gebruiken van alle ruimte die er is. Blijf als collega's hardop met elkaar in gesprek zodat alle kinderen het horen. Vraag elkaar ook om hulp als je er niet uitkomt. Ook hierin heeft de behandelaar een voorbeeldfunctie. Een voorbeeld hiervan is: '(Naam collega), wil je me even helpen? J. heeft zijn opdracht nog niet af. Het lukt hem niet om zich te concentreren. Heb jij nog tips?'

Zorg dat de groep niet te groot is en dat de samenstelling goed is. Soms kunnen vier kinderen die sterk op elkaar reageren even zwaar zijn als een groep van tien kinderen die elkaar gemakkelijker kunnen verdragen. Het is belangrijk dat er in elk geval genoeg aandacht en tijd is voor de individuele processen van de kinderen. Kinderen met een lichte verstandelijke beperking hebben zwakke taalvaardigheden, vaak een tragere informatieverwerking en een beperkte woordenschat. Het vergt van de begeleiders vaardigheden om goed aan te sluiten bij de mogelijkheden van de verschillende kinderen en je op hen af te stemmen in de communicatie. Dit kan door te kiezen voor korte zinnen en woorden, door taal visueel te ondersteunen en oefenstof zo concreet mogelijk te maken (NJi, 2015d).

Werkwijze

De combinatie van SOVA en Vaktherapie

10x doen bestaat uit de combinatie van een sociale vaardigheidstraining en vaktherapie. In 10x doen gebruiken we elementen uit de beeldende therapie. 'Beeldende therapie is een ervaringsgerichte therapie, waarbij sprake is van een concreet werkproces en een eindresultaat. De problemen worden door beeldend werken ervaren en zichtbaar, en daarmee helder en bespreekbaar' (Federatie Vaktherapeutische beroepen, FVB, 2016). Een hoofdstuk begint met een SOVA-training, waarin er concreet wordt geoefend met de stappen van de vaardigheden door middel van onder andere een rollenspel. Later in datzelfde hoofdstuk wordt dezelfde vaardigheid ervaren binnen de vaktherapie. Rechtstreeks oefenen in de SOVA en ervarend oefenen in de therapie lijken in de praktijk een zeer waardevolle aanvulling op elkaar te zijn.

Hier volgt een schematische weergave van de elementen van 10x doen. In de SOVA worden de vaardigheden geleerd en geoefend, in de vaktherapie worden de vaardigheden, door ze te ervaren, 'eigen' gemaakt. Bij de vaktherapie is de SOVA-behandelaar ook aanwezig.

	SOVA	VAKTHERAPIE
1	Laten merken dat ik luister	Goed zitten / goed staan / aankijken
2	Een vraag stellen / hulp vragen	Een goede stem, om hulp vragen
3	Aardig doen	Complimenten en hulp geven en ontvangen
4	Herkennen van gevoelens bij anderen	Herkennen van gevoelens van anderen door precies te kijken en te luisteren

INLEIDING 17

	SOVA	VAKTHERAPIE
5	Zeggen hoe je je voelt; herkennen van emoties bij jezelf	Ervaren hoe je je voelt
6	Jezelf rustig maken	Waar ben je rustig
7	Slim kiezen	Slim kiezen: wat is het belangrijkst
8	Aan een ander denken / rekening houden met een ander	Wat zijn de verschillen / wat kan ik, wat kan een ander
9	Samen werken/overleggen	Samen: ruimte voor jezelf nemen
10	Omgaan met plagen en pesten	Samen, allebei slim kiezen

Overzicht van de fases en hoofdstukken

Bij 10x doen zijn grofweg 3 fases te onderscheiden.

Fase A:
Je aandacht richten: je gedachten sturen. In de Vaktherapie wordt veiligheid geboden door de kinderen aan hun eigen werkstuk te laten werken, gericht op hun eigen individuele werk en manier van werken.

Fase B:
Letten op jezelf: hoe gaat het met mij? In de Vaktherapie worden de kinderen gestimuleerd tot eigen vormgeving en contact met hun eigen wensen en mogelijkheden.

Fase C:
Letten op jezelf in contact met anderen. In de Vaktherapie wordt in deze fase meer gewerkt met groeps- en samenwerkingsopdrachten om met deze vaardigheden te experimenteren en te oefenen.

De begeleiding en aansturing van de kinderen tijdens SOVA en Vaktherapie gebeurt idealiter door meerdere therapeuten of behandelaren, zodat rollenspelen voorgedaan kunnen worden door behandelaren om het juiste voorbeeld te laten zien en de groep zo nodig gesplitst kan worden als de behoeften verschillend zijn.

De hier beschreven Vaktherapiesessies kunnen gezien worden als een voorbeeld. We gaan ervan uit dat een therapeut zelf het best kan inschatten welk materiaal of welke opdracht het best aansluit bij de groep. Een lager begaafde groep vraagt andere opdrachten en andere materialen dan een andere groep. Een groep jongens vraagt soms andere onderwerpen dan een groep meisjes om goed gemotiveerd aan de slag te gaan. In de herfst dienen zich andere onderwerpen aan die gebruikt kunnen worden dan in de zomer.

Elke beeldend vaktherapeut beschikt over de kennis van materialen en opdrachten waaruit geput kan worden om de doelen te realiseren. De kolom met als kopje 'aansturing door behandelaren' is dan ook vooral bedoeld om cotherapeuten en behandelaren die naast de therapeut de sessies begeleiden praktische tips voor aansturing van de groep bij die betreffende sessie te geven.

Bij de Vaktherapie-sessies staat ook telkens het SOVA-onderwerp beschreven om de koppeling tussen de beide momenten te benadrukken.

Fase A: hoofdstuk 1 t/m 4

Doel: Je aandacht richten: je gedachten sturen.

Middel: Door je bewust te zijn van je lichaamshouding, je stem en hoe het met je gaat, ben je meer HIER en kun je beter contact maken met jezelf en met de ander.

Hoofdstuk 1:	
SOVA:	Laten merken dat ik luister
Vaktherapie:	Goed zitten / goed staan / aankijken
Hoofdstuk 2:	
SOVA:	Een vraag stellen; om hulp vragen
Vaktherapie:	Een goede stem, om hulp vragen
Hoofdstuk 3:	
SOVA:	Aardig doen
Vaktherapie:	Complimenten en hulp, geven en ontvangen
Hoofdstuk 4:	
SOVA:	Herkennen van gevoelens bij anderen
Vaktherapie:	Herkennen van gevoelens van anderen door precies te kijken en te luisteren

Fase B: hoofdstuk 5 t/m 6
Doel: Letten op jezelf; hoe gaat het met mij?

Middel: Concreter voelen in je lichaam en bewuster zijn van je eigen gedrag en gevoel.

Hoofdstuk 5:	
SOVA:	Zeggen hoe je je voelt; herkennen van emoties bij jezelf
Vaktherapie:	Ervaren hoe je je voelt
Hoofdstuk 6:	
SOVA:	Jezelf rustig maken
Vaktherapie:	Je rustige plek weten, je hart rustig maken

Fase C: hoofdstuk 7 t/m 10
Doel: Letten op jezelf in contact met anderen.

Middel: Jezelf verhouden tot de ander en je realiseren dat jouw gedrag invloed heeft op de ander, en andersom.

Hoofdstuk 7:	
SOVA:	Slim kiezen
Vaktherapie:	Slim kiezen als je iets aan het doen bent
Hoofdstuk 8:	
SOVA:	Aan een ander denken / rekening houden met een ander
Vaktherapie:	Wat zijn de verschillen / overeenkomsten tussen mij en de ander
Hoofdstuk 9:	
SOVA:	Samen spelen en werken: overleggen
Vaktherapie:	Ruimte voor jezelf nemen
Hoofdstuk 10:	
SOVA:	Reageren op plagen en pesten
Vaktherapie:	Samen, allebei slim kiezen

1 Laten merken dat ik luister

Samenvatting

In dit hoofdstuk staat de sociale vaardigheid 'luisteren' centraal. Deze vaardigheid is in contact met anderen van groot belang. De kinderen richten zich met hun gezicht en lichaamshouding naar een ander en leren een ontvangstbevestiging te geven. De kinderen worden zich bewust van hun eigen houding, blikrichting en aandacht. Door hier aandacht aan te besteden, staan kinderen in eerste instantie stil bij zichzelf. Wát doen ze en hóé doen ze. Deze bewustwording is van belang voor de vervolgstappen in de volgende hoofdstukken.

SOVA hoofdstuk 1 – Laten merken dat ik luister

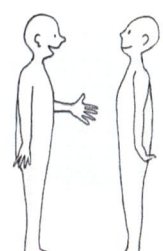

Doel
De kinderen richten zich op de ander door actief naar de ander te luisteren en een ontvangstbevestiging te geven.

Benodigdheden
- Affiche met de stappen: laten merken dat ik luister
- Geluidsfragmenten
- Papier, pennen en kleurpotloden
- Flap-over
- Time Timer®[1]

Uitleg van de vaardigheid door een rollenspel van de behandelaren
Rollenspel: een behandelaar zit aan tafel te kleuren en de andere behandelaar vraagt hem/haar om op te ruimen. De behandelaar in de kindrol stopt met kleuren, kijkt op naar de andere behandelaar, knikt en zegt ja ter ontvangstbevestiging.

Tijdens de tweede bijeenkomst kan gevraagd worden of een kind mee wil doen in het rollenspel. Geef extra feedback tijdens de bijeenkomst aan kinderen die goed luisteren en benoem hierbij de stappen die zij laten zien ('Goed dat je me aankijkt, dan merk ik dat je goed luistert').

Vraag als het rollenspel is afgelopen aan een aantal kinderen wat ze hebben gezien en waar ze denken dat het in het rollenspel om ging. Complimenteer alle pogingen waaruit actieve deelname blijkt ('Wat goed dat je meedenkt', 'Wat goed gehoord', 'Wat goed gezien').

---

[1] De Time Timer® maakt het verstrijken van tijd visueel, zie timetimer.nl.

Introductie van de stappen op het affiche
Laat de kinderen die dit kunnen de stappen voorlezen.

Laten merken dat ik luister:
- Stop waarmee je bezig bent
- Kijk de ander aan
- Knik af en toe

Rollenspel
Om de aandacht te trekken, spelen de behandelaren een rollenspel. Voor verstandelijk beperkte kinderen is het rollenspel een manier om te leren; ze leren van concrete voorbeelden die passen bij hun belevingswereld en ervaringen. Herhaling is de sleutel tot succes.

De kinderen worden geïnstrueerd om goed op te letten en na te denken over waar zij denken dat het om gaat. Het rollenspel wordt herhaald. Hierna stelt de behandelaar vragen, zoals: 'Welke stappen hebben jullie gezien, wat ging er goed?, Wat is belangrijk om op te letten?, Waarom is dit belangrijk?' Ook hier worden de kinderen die actief meedoen gecomplimenteerd. Sluit met je complimenten zo veel mogelijk aan op de vaardigheden: 'Wat kijk je me goed aan als je tegen me praat', 'Merk je wat je nu doet? Je knikt om te laten zien dat je me hebt begrepen, wat knap!'

Ondertussen kun je de kinderen met veel weerstand complimenteren over andere kleine vaardigheden, zoals: stilzitten, aankijken, op jezelf letten et cetera. De eerste bijeenkomst kan extra spannend zijn, dus probeer iedereen er evenveel bij te betrekken en te complimenteren. Ook al is dit voor kleinere vaardigheden die in eerste instantie weinig te maken hebben met het doel van het hoofdstuk.

Na de herhaling van het eerste rollenspel krijgen alle kinderen de beurt om mee te doen met een rollenspel. Tijdens de eerste bijeenkomst is het een rollenspel tussen een kind en een behandelaar. Het helpt om tijdens het rollenspel van plek te veranderen: ga staan, of ga ergens anders zitten. Complimenteer vooral voor het meedoen en durven oefenen. Het gaat om het proces! Zeg dat iedereen een keer aan de beurt komt. Kies voor elk kind een rollenspel dat zo goed mogelijk bij hem/haar past. Jij kent de kinderen, dus voel je vrij een goed rollenspel te bedenken. Als een kind niet durft, leg er dan niet te veel druk op. Een kind kan vanaf zijn/haar stoel meedoen, of geef aan: 'Als je kijkt, leer je ook!' Houd het simpel!

Mogelijke rollenspelen:
- De juf legt de spelregels uit van een spel buiten. Laat zien dat je haar hoort en let op de stappen.
- Je moeder zegt dat je vanmiddag om half zes binnen moet zijn. Laat zien dat je je moeder hebt gehoord.
- Je vriendje vertelt wat hij dit weekend heeft gedaan. Laat merken dat je naar hem luistert.
- De meester vertelt wat jullie gaan knutselen vanmiddag. Laat zien dat je naar hem luistert.
- De voetbalcoach legt de tactiek uit voor de wedstrijd van dit weekend. Laat zien dat je luistert.

Gelegenheid voor een kort spelletje

Denk aan:
- Een korte zin doorfluisteren.
- Een minuut heel stil zijn.
- Luisteren naar alle geluiden die je om je heen hoort.
- Lees een verhaaltje voor, geef de instructie: 'Als je je naam hoort, sta je snel op, draai je vlug een rondje en ga je weer zitten›.
- Spelletje: Commando pinkelen. Je kunt hierbij ook nieuwe commando's bedenken, zoals: commando boos kijken, commando staan, commando zitten. Ook kinderen kunnen de commando's geven als je inschat dat dit kan slagen. Geef hierbij duidelijk een kader aan, bijvoorbeeld voor vijf minuten.

Vervolgoefening

De behandelaren bepalen, eventueel in overleg met de kinderen, voor welke activiteit gekozen wordt. Opties:
- Een kleurplaat met thema luisteren inkleuren + eventueel op de achterkant een verhaaltje bij de tekening schrijven.
- In een groepje: volg de instructie en maak de beweging, bijvoorbeeld: pak met je rechterhand je linkeroor, raak met je pink je neus aan et cetera.
- In een groepje: rollenspelen spelen.
- Geluidenspel: gebruik geluidsfragmenten uit het dagelijks leven en laat de kinderen hun vinger opsteken als ze het antwoord denken te weten.
- Een foto van elkaar maken in een houding waarin je laat merken dat je goed luistert.

Afsluiting

Sluit af in de kring en geef een compliment voor het volhouden en het meedoen.

Vaktherapie hoofdstuk 1 – Goed zitten / goed staan / aankijken

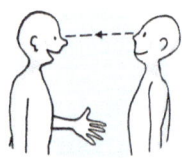

Doel
De kinderen worden zich bewust van hun houding en oefenen met het richten van hun aandacht op zichzelf en vervolgens op de ander.

Benodigdheden
- Affiche met de stappen: goed zitten / goed staan / aankijken
- Materialen voor de gekozen activiteit

Uitleg van de vaardigheid door de therapeut
De therapeut leidt de vaardigheid in en koppelt deze aan de SOVA. Het gaat om 'Laten merken dat ik luister. De manier waarop je dit kunt laten zien, is door goed te zitten, goed te staan en de ander aan te kijken.'

'Wat betekent rechtop zitten, en rechtop staan. Hoe doe je dat? Hoe draai je je gezicht?' Oefen met de kinderen met het draaien van romp en hoofd om hen bewust te maken van de spieren die meewerken. Noem het feit dat iedereen zijn eigen spieren aanstuurt. Leg uit waarom het belangrijk is om te luisteren en wat er kan gebeuren als je niet goed luistert. Voorbeelden hiervan zijn: 'Dan mis je misschien wat er wordt uitgelegd en weet je niet wat je moet doen, of je komt ongeïnteresseerd over als je met iemand praat, of soms gaan mensen steeds harder tegen je praten als je niet laat merken dat je luistert.'

Als behandelaar geef je de gehele bijeenkomst feedback aan kinderen die goed zitten en als ze de ander aankijken wanneer die iets zegt. Benoem hierbij de stappen die zij laten zien ('Goed dat je me aankijkt, dan merk ik dat je goed luistert').

Oefenmoment
Goed zitten, even oefenen door wiebelen of bewegen als de muziek speelt en als de muziek stopt, meteen recht zitten en naar één persoon kijken. Ook oefenen met het verschil tussen goed rechtop staan, ontspannen staan, gespannen staan. Eventueel kun je voorbeelden gebruiken als: staan als een soldaat, staan als een rapper, staan als en sporter (bodybuilder o.i.d.), staan als een meester. Oefen met de houding van het hoofd: naar beneden kijken, naar boven kijken, opzij kijken, elkaar aankijken. Luisteren naar de uitleg van de activiteit wordt direct positief bekrachtigd door de behandelaren.

Overgangsmoment
Instructie: 'Nu gaan we oefenen met luisteren, tegelijk met iets maken. Terwijl je iets maakt, kun je oefenen. Terwijl je aan het werk bent, oefen je met goed zitten, je aandacht zelf sturen, iemand aankijken als die iets tegen je zegt of iets aan je vraagt. Je gaat nu twee dingen tegelijk doen: luisteren naar een ander én iets voor jezelf maken. Dit is best lastig, maar we gaan jullie goed helpen.'

De activiteit

Materiaal	Activiteit	Aansturing door behandelaren
Hout en blokje IJzerdraad Wol in verschillende kleuren	Maak van twee stukjes ijzerdraad een poppetje met armen en benen. Omwikkel het poppetje met wol zodat het lijkt of hij een trui en een broek aan heeft en wat dikker wordt. Laat het poppetje zitten op het blokje, met de voeten stevig op de grond.	Het richten van aandacht direct positief bekrachtigen. Eigen kleurkeuze en vormgeving stimuleren. Verbinding uitleggen tussen eigen werkstuk en eigen lichaamshouding. Veelvuldig benoemen wat er gebeurt: je richt je aandacht op jezelf (op je eigen werk) of op een ander (als je luistert).

Of:

Materiaal	Activiteit	Aansturing
Voor iedereen een groot vel En een spiegel	Kijk goed naar je eigen ogen. Welke kleur hebben ze, hoe zien ze eruit? Teken op het grote vel je ogen zo precies mogelijk na. Kijk jezelf zo goed mogelijk aan om deze tekening te kunnen maken.	Aandacht en lichaamshouding richten, op jezelf letten. Eigenheid benadrukken: iedereen is uniek. Eigenheid verder benadrukken door eigen materiaalkeuze. Complimenteren voor gewenst gedrag.

2 Een vraag stellen

Samenvatting

In dit hoofdstuk staat de sociale vaardigheid 'een vraag stellen' centraal. Deze vaardigheid is in contact met anderen van groot belang. De kinderen richten zich met hun gezicht en lichaamshouding naar een ander en leren op een goede manier een vraag te stellen, om hulp te vragen en hulp te accepteren. De kinderen worden zich bewust van hun eigen adem en stem, de richting van hun blik en van hun aandacht. Door hier aandacht aan te besteden, staan kinderen in eerste instantie stil bij zichzelf. Wát willen ze en welke vragen stellen ze? Hóé stellen ze een vraag, en wanneer? Deze bewustwording is van belang voor de vervolgstappen in de volgende hoofdstukken.

SOVA hoofdstuk 2 – Een vraag stellen; om hulp vragen

Doel
De kinderen kunnen op een goed moment een passende vraag stellen.

Benodigdheden
- Affiche met de stappen: een vraag stellen
- Papier, pennen en kleurpotloden
- Flap-over
- Time Timer®
- Interviewopdracht

Introductie van de vaardigheid door een rollenspel van de behandelaren
Bijvoorbeeld: een behandelaar zit aan tafel iets te knippen. De andere behandelaar maakt duidelijk aan de kinderen dat hij de schaar nodig heeft. De behandelaar vraagt aan de andere behandelaar of hij de schaar mag lenen.

Het rollenspel kan meer verdieping krijgen door een voorbeeld te kiezen waarbij een behandelaar een instructie niet begrijpt (omdat de andere behandelaar heel snel praat, of mompelt of onduidelijk is) en om uitleg vraagt. Hier gaat het om om hulp vragen of om verduidelijking vragen. Onderschat niet hoe moeilijk het voor kinderen kan zijn om om hulp te vragen. Vaak zijn ze gewend alles alleen te moeten oplossen, krijgen ze een negatieve reactie als ze toch om hulp vragen of zeggen mensen dat ze dom zijn. Benoem dat het soms lastig kan zijn om om hulp te vragen, voor iedereen. Als daar genoeg ruimte voor is, kun je vragen wanneer het moeilijk is om om hulp te vragen. Voorbeelden van lastige situaties zijn: als het heel stil is in de klas, als iedereen om je heen het wel snapt, als de juf/meester vaak boos wordt als je wat vraagt et cetera. Geef er ook altijd zelf voorbeelden van, dus wanneer JIJ het lastig vindt om iets te vragen!

Een ander voorbeeld waarin het accent ligt op het kiezen van een goed moment om iets te vragen: een behandelaar is druk in gesprek met iemand anders. De andere behandelaar wil iets vragen en wacht totdat de ander is uitgepraat. Laat zien hoe lastig het soms is om een goed moment te kiezen, en denk samen na hoe je kunt zien of een geschikt moment is of niet.

Introductie van de stappen op het affiche
Een vraag stellen:
- Kijk of je een vraag kunt stellen
- Kijk de ander aan en vraag het duidelijk
- Luister goed naar het antwoord

Rollenspel
Het rollenspel wordt herhaald, de kinderen zijn vooraf geïnstrueerd om goed op te letten welke stappen zij hebben gezien. 'Wat ging er goed? Wat is belangrijk om op te letten? Waarom is dit belangrijk?' Wie wat wil zeggen, steekt zijn vinger op. Wees complimenteus voor het opletten en meedenken. Geef ook gedragsmatige complimenten voor wie goed op zijn stoel zit, zijn vinger opsteekt, stilzit et cetera.

Na de herhaling van het eerste rollenspel, krijgen alle kinderen de beurt om mee te doen met een rollenspel. Als de kinderen het aankunnen en aandurven, kunnen ze samen een rollenspel doen. Pas dit altijd aan aan het niveau van het kind. Complimenteer vooral voor het meedoen en durven oefenen. Nogmaals, het gaat om het proces! Zeg tegen de kinderen dat iedereen een keer aan de beurt komt. Kies voor elk kind een rollenspel dat zo goed mogelijk bij hem/haar past. Jij kent de kinderen, dus voel je vrij een goed rollenspel te bedenken. Houd het simpel! Mogelijke rollenspelen:

Een vraag stellen:
- Je wilt naar buiten. Stel een vraag.
- Je wilt thee bij je lunch. Stel een vraag.
- Je wilt wat langer op de spelcomputer spelen dan je hebt afgesproken. Stel een vraag.
- Je wilt een schaar lenen van je buurman. Stel een vraag.

Om hulp vragen:
- Je moet een rekenopdracht maken, maar je snapt het niet. Stel een vraag.
- Je doet mee met een voetbalspelletje en er wordt een vrije trap gegeven. Je snapt niet waarom hij een vrije trap krijgt. Stel een vraag aan je behandelaar.
- Je meester geeft uitleg voor de klas. Hij vertelt zo veel dat je niet meer weet waar het over ging. Stel een vraag aan je meester.
- Je moet iets opruimen, maar je kunt niet bij de plank. Vraag of iemand je wil helpen.

Een goed moment kiezen om een vraag te stellen:
- Je wilt naar buiten gaan om te spelen. Je moeder is aan het bellen. Kies een goed moment om een vraag te stellen.
- Je wilt je vriendje vragen om samen te spelen. Maar je moet stil zijn in de klas. Kies een goed moment om een vraag te stellen.
- Je snapt de opdracht niet. De juf is een ander kind iets aan het uitleggen. Kies een goed moment om een vraag te stellen.

Gelegenheid voor een kort spelletje
Denk aan:
- Stel in de kring om de beurt een vraag aan je buurman of buurvrouw. Anderen luisteren goed naar het antwoord.
- Voorgaande spelletje, maar dan met een bal. Noem een naam, stel de vraag en gooi dan de bal. Degene die de bal heeft gevangen, gaat hierna aan iemand een vraag stellen. Dit zijn vragen om de ander te leren kennen, dus bijvoorbeeld: 'Wat is jouw lievelings...', 'Heb je een huisdier', of: 'Welke voetbalspeler vind jij het best?'
- Je kunt (als de groep dit toelaat) een kind een rol laten innemen, dus die van Ronaldo, de president van Amerika of een popster. Iedereen mag dan deze 'bekende persoon' een vraag stellen.

Vervolgoefening
De behandelaren bepalen, eventueel in overleg met de kinderen, voor welke activiteit gekozen wordt.

Opties:
- Een tekening maken over een vraag stellen.
- Een kleurplaat met het thema een vraag stellen kleuren + eventueel op de achterkant een verhaaltje schrijven bij de tekening.
- In tweetallen: interview een ander kind van de groep.
- In een groepje: rollenspelen spelen.
- Een foto van elkaar maken in een houding waarin je laat merken dat je op een goed moment een vraag stelt.

Afsluiting
Sluit weer af in de kring en geef een compliment voor het volhouden en het meedoen.

INTERVIEW
Voorbeeldvragen:

- Wat voor eten vind je lekker?

- Welke sport vind je leuk?

- Met wie woon jij thuis?

- Wat is je lievelingsvak op school?

- Wat zou je wensen als je drie wensen mocht doen?

- Bedenk hier zelf nog twee vragen:

Vaktherapie hoofdstuk 2 – Een goede stem, om hulp vragen

Doel
De kinderen worden zich bewust van hun ademhaling en stemgebruik en oefenen met een passend stemgeluid bij het stellen van een vraag. De kinderen kunnen om hulp vragen als dat nodig is.

Benodigdheden
- Affiche met de stappen: een goede stem, om hulp vragen
- Materialen voor de gekozen activiteit

Uitleg van de vaardigheid
'Als je iets aan het maken bent, en het lukt je niet, dan heb je hulp nodig. Soms vraag je het aan iemand die naast je zit, en soms aan de juf.
Hoe werkt het, een vraag stellen? Waar zit je stem? Hoe werkt die? Hoe werkt je adem?'

Oefenmoment
Een goede stem gebruiken. 'Je stem heeft lucht en heeft adem nodig om te klinken. Om hem goed te kunnen sturen kun je oefenen in het aandacht geven aan je adem. Adem in en uit, in een rustig tempo. Voel waar je ademhaling heen gaat, adem in door je neus of je mond. Maak met je handen en armen een beweging omhoog als je inademt en naar beneden als je uitademt. Zo ben je er met heel je aandacht bij. Hard of zacht ademen voelt niet hetzelfde. Hard en zacht praten ook niet.'

Overgangsmoment
Begeleid de overgang van oefenen naar zelf doen.
'Als je weet hoe je stem werkt, kun je ook beter jezelf sturen. Als je op een goede manier een vraag stelt, krijg je eerder antwoord en hulp. Door een tekening over je stem te maken, snap je er meer van en leer je jezelf beter kennen.'

De activiteit

Materiaal	Activiteit	Aansturing door behandelaren
Schetspapier en potloden Aquarelpapier Pen Potlood Waterverf of ecoline	Teken je ademhaling op papier als een lijn van links naar rechts. Bij inademen ga je naar boven, en bij uitademen naar beneden. Als je meerdere oefenlijnen hebt gemaakt maak je er één op aquarelpapier. Die lijn gebruik je als begin van je fantasie-kunstwerk. Je mag je materiaal zelf kiezen: schilderen en/of tekenen.	Aandacht richten, zorgen voor eigen werkstuk. Alle eigen keuzes benoemen om eigenheid te versterken en bewust te laten worden. Eigen fantasie-kunstwerk maken van de eerste lijn: eigenheid benadrukken. Tijdens het werken attenderen op ademhaling en stemgebruik, zodat zij zich hiervan meer bewust worden.

Of:

Materiaal	Activiteit	Aansturing door behandelaren
IJzerdraad Nylondraad om vraagteken op te hangen Verschillende soorten kralen	Rijg mooie kralen op het ijzerdraad en buig er een vraagteken van.	De kralen staan verspreid over de tafels, stimuleer om vragen te stellen. Eigenheid bevorderen door eigen keuze te stimuleren. Reageer op stemgebruik en ademhaling als kinderen iets vragen of zeggen tijdens het werken, zodat kinderen zich daar bewust van worden.

Afsluiting
Sluit af in de kring en benoem wat de kinderen goed hebben gedaan.

3 Aardig doen

Samenvatting

In dit hoofdstuk staat de sociale vaardigheid 'complimenten geven' centraal. Deze vaardigheid is in contact met anderen van groot belang. De kinderen richten zich met hun gezicht en lichaamshouding op een ander en leren op een goede manier iets aardigs te zeggen of te doen. De kinderen worden zich bewust van hun eigen stem, de richting van hun blik en hun houding. Door hier aandacht aan te besteden, staan kinderen in eerste instantie stil bij zichzelf. Wát zijn aardige dingen die anderen tegen mij zeggen? Hoe voel ik mij dan? Daarna wordt geoefend met het zeggen van aardige dingen tegen anderen. Deze bewustwording is van belang voor de vervolgstappen in de volgende hoofdstukken.

SOVA hoofdstuk 3 – Aardig doen

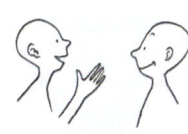

Doel
Bevorderen van prosociaal gedrag: de kinderen doen of zeggen iets aardigs tegen andere kinderen en volwassenen.

Benodigdheden
- Affiche met de stappen: aardig doen
- Papier, pennen en kleurpotloden
- Flap-over
- Time Timer®
- Tekeningen
- Opdrachtkaartjes

Uitleg van de vaardigheid door een rollenspel van de behandelaren
Als de kinderen in de kring of aan tafel zitten, zegt een van de behandelaren iets aardigs tegen de andere behandelaar. De ander antwoordt of reageert positief op het compliment.

Introductie van de stappen op het affiche
Aardig doen:
- Kijk de ander aan
- Zeg of doe iets aardigs
- Lach erbij

Rollenspel
Het rollenspel wordt herhaald, de kinderen zijn vooraf geïnstrueerd om goed op te letten welke stappen zij hebben gezien. 'Wat ging er goed? Wat is belangrijk om op te letten? Waarom is dit belangrijk?' Hierna gaan alle kinderen zelf oefenen met iets aardigs doen of zeggen.

Voorbeelden van rollenspelen:
- Er komt een nieuwe jongen in de klas. Doe iets aardigs voor hem.
- Je moeder heeft je lievelingseten gekookt. Zeg wat aardigs.
- Iemand laat een hele bak speelblokken vallen. Doe iets aardigs.
- Je klasgenoot valt op het schoolplein. Doe of zeg iets aardigs.
- Je klasgenoot haalt een goed cijfer op school. Zeg iets aardigs.
- Je gymleraar helpt je bij een moeilijke oefening. Zeg iets aardigs.
- Een jongen uit de klas staat alleen met buitenspelen. Zeg of doe iets aardigs.

Bespreek waarom het belangrijk is om aardig te zijn. Laat de kinderen nadenken over de mogelijke gevolgen van aardig zijn: 'Als je aardig doet tegen een buurman op straat, hoe zal hij dan waarschijnlijk op jou reageren?' Of: 'Als je aardig bent tegen een nieuwe jongen in de klas, hoe zal hij dan waarschijnlijk tegen jou doen?' Maar ook andersom: 'Als iemand onaardig tegen jou doet, doe je dan aardig of onaardig terug?' Het is de bedoeling dat de kinderen gaan nadenken over de invloed van hun gedrag op de ander, en andersom.

Gelegenheid voor een kort spelletje
- 'Zeg allemaal iets aardigs over degene die links van je zit. Laat de stappen goed zien. Je kunt iets aardigs zeggen over iets wat iemand aan heeft (uiterlijk), iets wat iemand goed kan of iets wat iemand is (karaktereigenschap). Als je het laatste kiest, denk dan eerst na over verschillende karaktereigenschappen. Voorbeelden hiervan zijn: grappig, sportief, slim, lief, aardig, behulpzaam.
- Bovenstaand spel, maar dan met een bal.

Vervolgoefening
De behandelaren bepalen, eventueel in overleg met de kinderen, voor welke activiteit gekozen wordt.

Opties:
- Een tekening maken over aardig doen.
- Een kleurplaat kleuren/maken over het thema aardig doen + eventueel op de achterkant een verhaaltje schrijven bij de tekening.
- Geheime opdracht: twee kinderen houden met elkaar een gesprekje of spelen een spelletje (eventueel een onderwerp of spel ingefluisterd door de behandelaar) en moeten iets aardigs zeggen of doen. De andere kinderen (liefst twee) letten goed op welke aardige dingen er worden gezegd of gedaan. Achteraf vertellen ze wat ze hebben gezien. De kinderen die toneelspeelden, zeggen wat ze goed hebben gezien.
- Rollenspelen:
  - Je vriend/vriendin heeft nieuwe kleren aan. Jij vindt ze heel mooi. Zeg iets aardigs.
  - Je vader of moeder heeft heel lekker eten gemaakt. Zeg iets aardigs en laat ook zien in je gezicht dat je het lekker vindt.
  - Je buurman of buurvrouw krijgt het lijmpotje niet open. Laat zien wat je zegt en doet.
  - Je buurman of buurvrouw weet niet meer waar jullie zijn met lezen. Laat zien wat je doet.

Afsluiting
Sluit weer af in de kring en geef een compliment voor het volhouden en het meedoen.

Vaktherapie hoofdstuk 3 – Complimenten en hulp, geven en ontvangen

Doel
Bevorderen van prosociaal gedrag: de kinderen doen of zeggen iets aardigs tegen andere kinderen en volwassenen. De kinderen worden zich meer bewust van hun gedrag en het gevoel dat zij hebben als ze een compliment krijgen of geven.

Benodigdheden
- Affiche met de stappen: complimenten en hulp, geven en ontvangen
- Materialen voor de gekozen activiteit

Uitleg van de vaardigheid
'Een compliment geven of hulp aanbieden kan op verschillende manieren. Complimenten en hulp ontvangen kan fijn zijn en soms word je er ook verlegen van. Vandaag oefenen we met complimenten.'

Oefenmoment
Complimenten en hulp, geven en ontvangen. Laat in een klein rollenspel door de behandelaren zien dat je als knutselaar een hand tekortkomt om bijvoorbeeld een strik om een cadeau te doen; je vraagt aan een medespeler of hij even kan helpen vasthouden zodat het lukt.
Geef een compliment en bedank je medespeler.
Vraag aan de kinderen of ze goed hebben gezien hoe je hulp hebt gevraagd, wat je daarna hebt gedaan en of zij hebben gezien dat je er blij mee was.

Overgangsmoment
Begeleid de overgang van actief kijken naar actief bezig zijn. Zeg waarom het belangrijk is om complimenten en hulp te geven en te krijgen: 'Het is belangrijk om te weten wat er gebeurt als je iets zegt of doet. Je kunt jezelf beter sturen en je kunt beter snappen hoe een ander reageert. Door complimenten hardop te zeggen of ze zo mooi mogelijk te schrijven, hoor je hoe ze klinken en overkomen op anderen. Anderen kunnen ze zien en erop reageren.'

De activiteit

Materiaal	Activiteit	Aansturing door behandelaren
Karton Graffitistiften, voorbeelden van letters en vormen die omgetrokken kunnen worden	Bedenk een woord dat of uitroep die je gebruikt als compliment, bijvoorbeeld 'cool', 'goed zo' of 'prachtig'. Knip een vorm uit karton en schrijf in graffitiletters het woord op.	Stimuleer de kinderen om naar elkaar te luisteren. Door de woorden hardop uit te spreken, oefen je ook weer het juiste stemgebruik en kun je ervaren wat een woord oproept door naar de reacties van anderen te kijken. Als kinderen het storend vinden dat hun goede idee nageaapt wordt, kunnen behandelaren uitleggen dat ze het beter kunnen zien als compliment.

Of:

Materiaal	Activiteit	Aansturing door behandelaren
PlayMais Vochtige doekjes Een kartonnen ondergrond op tafel	Maak werkstukjes van PlayMais en plak die met water bij elkaar op een ondergrond. Door de werkstukjes op een gezamenlijke ondergrond te plakken, worden kinderen gestimuleerd te reageren op elkaars werk en zich bewust te zijn van de ruimte die hun werkstuk inneemt.	Benoem toon, houding, en reacties die je ziet bij de kinderen. Bevorder eigenheid door de kinderen hun eigen werkstuk te laten bedenken met de PlayMais. Zeg dat de kinderen elk hun eigen ruimte innemen aan de tafel, dat ze op een aardige manier kunnen reageren op elkaars werk. Stimuleer de kinderen elkaar te helpen en hulp te vragen.

Afsluiting
Sluit af in de kring en geef een compliment voor het volhouden en het meedoen.

4 Gevoelens: herkennen van gevoelens bij anderen

Samenvatting

In dit hoofdstuk staat de sociale vaardigheid 'herkennen van gevoelens' centraal. Deze vaardigheid is in contact met anderen van groot belang. De kinderen leren in eerste instantie goed te kijken en te luisteren: waaraan kun je zien of merken hoe iemand zich voelt? Ook staan we stil bij verschillende uitingsvormen van een gevoel. Niet iedereen is immers hetzelfde, en soms is het lastig te zien of te merken wat iemand voelt. Rustig kijken en luisteren is een belangrijk onderdeel van deze vaardigheid en ook het stellen van een vraag kan soms handig zijn om beter te weten hoe een ander zich voelt. Deze bewustwording is van belang voor de vervolgstappen in de volgende hoofdstukken.

SOVA hoofdstuk 4 – Herkennen van gevoelens bij anderen

Doel
Gevoelens herkennen en onderscheiden. Deze week zal voornamelijk gericht zijn op het differentiëren tussen verschillende gevoelens. Hoe laten mensen zien hoe ze zich voelen?

Benodigdheden
- Affiche met de stappen: herkennen van gevoelens bij anderen
- Papier, pennen en kleurpotloden
- Flap-over
- Time Timer®
- Opdrachtkaartjes, rara welk gevoel?

Uitleg van de vaardigheid door een rollenspel van de behandelaren
Je doet samen met je medebehandelaar een rollenspel waarin een van beiden de meester/juf is. Je doet alsof jullie in de klas zitten en juf een klassikale instructie geeft. A. (de andere behandelaar) zit enorm ongeïnteresseerd, boos en chagrijnig voor zich uit te staren. Hij reageert alleen met zuchten en draaien met zijn ogen. De juf loopt naar A. toe en vraagt wat er aan de hand is. STOP het spel en introduceer het onderwerp. Vraag de kinderen wat ze zagen en hoorden, en hoe zij denken hoe A. zich voelt.

Introductie van de stappen op het affiche
Herkennen van gevoelens bij anderen:
- Kijk naar het gezicht
- Bedenk het gevoel

Rollenspel

Het rollenspel wordt herhaald, de kinderen zijn vooraf geïnstrueerd om goed op te letten welke stappen zij hebben gezien. 'Wat ging er goed? Wat is belangrijk om op te letten? Waarom is dit belangrijk?' Wie wat wil zeggen, steekt zijn vinger op. Alle kinderen gaan weer oefenen. Deze keer is het slim om een kind met een behandelaar te laten oefenen, omdat het een gecompliceerde oefening is. Voorbeelden zijn:

- Je zit naast een vriendje. Hij is bezig op de spelcomputer. Kijk goed naar zijn gezicht en bedenk hoe hij zich voelt (als behandelaar die het vriendje speelt, trek je een heel boos en chagrijnig gezicht).
- Je vriend valt op het schoolplein. Kijk goed naar zijn gezicht en bedenk hoe hij zich voelt.
- Je vriends moeder is ernstig ziek. Kijk goed naar zijn gezicht en bedenk hoe hij zich voelt.
- Je meester is een beetje ziek. Kijk goed naar zijn gezicht en bedenk hoe hij zich voelt.
- Je vriend heeft net een wedstrijd gewonnen. Kijk goed naar zijn gezicht en bedenk hoe hij zich voelt.

Gelegenheid voor een kort spelletje

- Brainstormen over mogelijke gevoelens: 'Wat kun je allemaal voelen? En is dit fijn (positief) of niet fijn (negatief)?' Schrijf al deze gevoelens op een groot vel papier of laat de kinderen ze zelf opschrijven.
- Overgooien van gevoelens: degene met de bal laat een gevoel zien op zijn gezicht en gooit de bal naar een groepsgenoot. Deze laat hetzelfde gevoel zien en zegt hardop welk gevoel hij denkt dat de ander uitbeeldde.

Vervolgoefening

De behandelaren bepalen, eventueel in overleg met de kinderen, voor welke activiteit gekozen wordt.

Opties:
- Werkblad met het intekenen van emoties op gezichten.
- Tekening maken van de laatste keer dat je heel vrolijk/blij was.
- Rara welk gevoel: een kaartje met een gevoel erop wordt op de rug van de behandelaar geplakt. Deze draait zich om naar de groep, de groep beeldt dit gevoel uit, zonder te praten. De behandelaar raadt het gevoel. Kinderen die graag willen, mogen het ook proberen. Een andere behandelaar gaat na of de kinderen het te raden gevoel kennen. Het kan handig zijn om de behandelaar met het briefje op de rug even te laten wachten op de gang. Andersom kan natuurlijk ook: de behandelaar beeldt het gevoel uit, de kinderen raden. Geef aandacht aan het feit dat er ook nuances mogelijk zijn, bijvoorbeeld: blij/gelukkig/et cetera. Voorbeelden van gevoelens/emoties: boos, blij, bang, verdrietig, verliefd, beschaamd, dapper, sterk, woedend, in de war, geschrokken, vermoeid et cetera.

Afsluiting

Sluit weer af in de kring en geef een compliment voor het volhouden en het meedoen.

WERKBLAD GEVOELENS 1

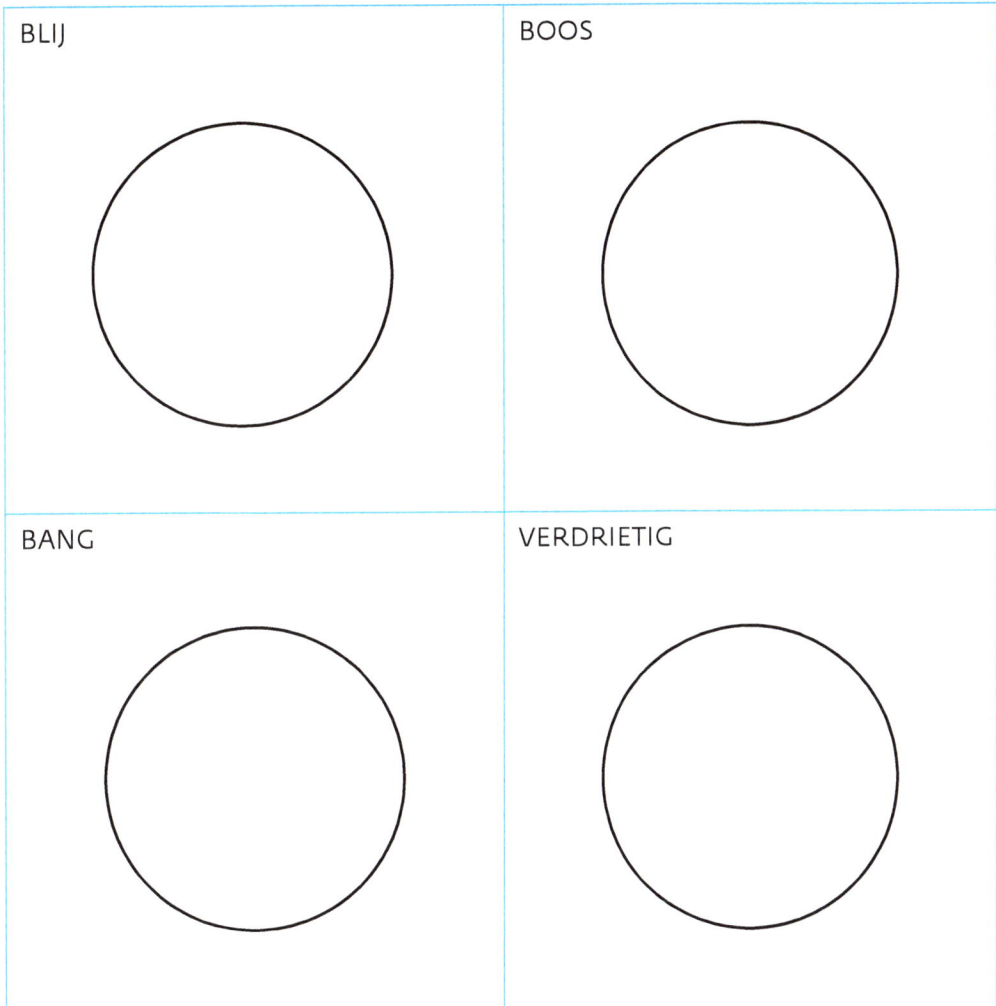

Vaktherapie hoofdstuk 4 – Precies kijken en luisteren

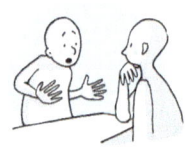

Doel
Gevoelens herkennen en onderscheiden: emoties herkennen zodat de kinderen beter weten hoe ze kunnen reageren. Dit hoofdstuk richt zich vooral op de verschillende uitingsvormen en uiterlijke kenmerken van emoties bij mensen.

Benodigdheden
- Affiche met de stappen: precies kijken en luisteren
- Materialen voor de gekozen activiteit

Uitleg van de vaardigheid – Herkennen van gevoelens van anderen door precies te kijken en te luisteren
'Door heel goed te kijken, kun je beter snappen wat een ander doet en voelt. Dan weet je ook beter wat jij het best kunt doen of zeggen. Soms weet je het niet zeker, kijk dan nog eens, stel een vraag of wacht even af.

Iedereen is uniek. Iedereen laat zijn gevoel op zijn eigen manier zien.'

Oefenmoment
Foto's bekijken en een discussie voeren in de groep over wat er te zien is en hoe we het kunnen interpreteren. Soms zijn er meerdere mogelijkheden. Plaatjes laten zien en benoemen wat iedereen ziet. Het is belangrijk om te differentiëren, om aan te geven dat het soms anders is dan het lijkt en dat niet iedereen een plaatje hetzelfde interpreteert.

Ook bij plaatjes met mensen waarbij je de gevoelens niet zeker weet, kun je benoemen wat je wel ziet.

Overgangsmoment
Begeleid de overgang van actief kijken naar actief bezig zijn. Vertel waarom het belangrijk is om precies te kijken.
– Je kunt anderen op een passende manier helpen
– Je weet hoe anderen zich voelen
– Door te tekenen over gevoelens ga je beter snappen wat er te zien kan zijn bij een bepaald gevoel; je leert jezelf en anderen beter begrijpen

De activiteit

Materiaal	Activiteit	Aansturing door behandelaren
Karton Prikpennen, scharen, tekenspullen, gekleurd papier, lijm Wol, niettang, plakband	Masker maken	Benoem wat er te zien is, hoe een gezichtsuitdrukking versterkt kan worden. Benoem wat een ander ziet als je het masker op hebt. Hoe is het om jezelf te verschuilen achter een ander gezicht?

Of:

Materiaal	Activiteit	Aansturing door behandelaren
Prentenboek of voorbeeldtekeningen van vissen met verschillende emoties Grote vellen gekleurd papier Krijt, potloden of stiften	Kies een gevoel en schrijf dat in passende letters op, teken een vis die zich duidelijk zó voelt.	Stimuleer eigen vormgeving. Stimuleren in zowel letters als diertekening. Stilte tijdens het werken zodat de aandacht van de kinderen optimaal op het uitbeelden van het gevoel gericht wordt. Een kind kan daadwerkelijk een emotie gaan ervaren als het hierover tekent. Wees alert op de signalen die het kind geeft. Benadruk in de groep dat de kinderen de baas zijn over hun eigen werk en zichzelf sturen.

Afsluiting
Sluit af in de kring en geef een compliment voor het volhouden en het meedoen.

5 Zeggen hoe je je voelt

Samenvatting

In dit hoofdstuk staat de sociale vaardigheid 'herkennen van gevoelens bij jezelf' centraal. Deze vaardigheid is in het contact met jezelf van groot belang. De kinderen leren in eerste instantie goed op zichzelf te letten en opmerkzaam te zijn op eigen signalen: 'Wanneer voel je je blij, of boos?' Ook staan we stil bij verschillen tussen de kinderen. Niet iedereen is immers hetzelfde, en soms is het moeilijk om precies te zeggen hoe je je voelt. Ook wordt aandacht besteed aan de intensiteit van gevoelens. Door hier in groepsverband aandacht aan te besteden, leren kinderen over zichzelf, van elkaar. Deze bewustwording is van belang voor de vervolgstappen in de volgende hoofdstukken.

SOVA hoofdstuk 5 – Zeggen hoe je je voelt

Doel
Gevoelens herkennen en onderscheiden: eigen emoties herkennen en kenbaar kunnen maken opdat anderen hierop kunnen reageren. Deze week zal voornamelijk gericht zijn op het differentiëren tussen verschillende gevoelens en intensiteit. Volgende week zal meer gericht zijn op kenbaar kunnen maken van eigen gevoelens.

Benodigdheden
- Affiche met de stappen: zeggen hoe je je voelt
- Papier, pennen en kleurpotloden
- Flap-over
- Time Timer®
- Opdrachtkaartjes, rara welk gevoel?

Uitleg van de vaardigheid door een rollenspel van de behandelaren
Laat kort de vier basisgevoelens zien met duidelijke lichaamstaal: je krijgt een cadeautje, je voelt je blij. Je hebt pijn / je voelt je verdrietig, je schrikt / je bent bang, je broer zit op de spelcomputer terwijl het jouw beurt is / je bent boos.

Er wordt uitleg gegeven over het belang van anderen vertellen hoe je je voelt: 'Als andere mensen weten hoe je je voelt, kunnen ze je beter begrijpen en beter helpen.' Voorbeeld: je hebt net buiten gespeeld en je mocht niet meedoen met voetballen. Maak het verschil duidelijk tussen twee situaties: 'In de klas ga je met je armen over elkaar zitten en je wilt niet meer meedoen met de les. De juf vraagt wat er is, maar je reageert niet. Je krijgt straf van de juf. In de andere situatie ga je naar de juf toe, die bij de ingang van de klas staat, en vertelt haar dat je je niet fijn / boos voelt, omdat je niet mee mocht doen. De juf reageert hier begripvol op en bedenkt samen met jou een oplossing. Je gaat goed aan het werk en de juf steekt nog even haar duim op.' Laat de kinderen goed nadenken over de mogelijke gevolgen.

Introductie van de stappen op het affiche
Zeggen hoe je je voelt:
- Ik voel me boos, blij, bang of verdrietig
- Ik zeg hoe ik me voel
- Ik laat me helpen

Rollenspel
We gaan nu om de beurt oefenen met een rollenspel. Alle kinderen krijgen de beurt. Het is de bedoeling dat de kinderen laten zien hoe ze zich voelen en dat ze dit ook vertellen. Voorbeelden van een rollenspel zijn:
- Je zou naar een pretpark gaan, maar het gaat niet door. Zeg hoe je je voelt.
- Je spelcomputer gaat kapot. Zeg hoe je je voelt.
- Je wordt uitgekozen om mee te trainen met je favoriete voetbalclub. Zeg hoe je je voelt.
- Je mag gaan bowlen vanavond. Zeg hoe je je voelt.
- Je wordt niet uitgenodigd voor een feestje. Zeg hoe je je voelt.
- Je zou een belangrijke toets krijgen, maar deze gaat niet door. Zeg hoe je je voelt.

Kort spelletje
- Gebruik geeltjes om verschillende gevoelens op te schrijven. De kinderen krijgen een voor een een geeltje op de rug geplakt. Zij kunnen dus niet zien wat er op het geeltje staat. De kinderen in de klas gaan het gevoel uitbeelden dat op het geeltje staat. Het kind met de sticker op de rug moet raden wat er op zijn rug staat.
- Ieder kind kiest een emotie uit die hij/zij gaat uitbeelden. De anderen moeten het raden.

Vervolgoefening
De behandelaren bepalen, eventueel in overleg met de kinderen, voor welke activiteit gekozen wordt.

Opties:
- Een kleurplaat kleuren/maken met het thema gevoelens + eventueel op de achterkant een verhaaltje schrijven bij de tekening.
- Rollenspelen spelen waarin de kinderen zeggen hoe ze zich voelen. Zie het voorbeeld bij de introductie van de vaardigheid. Gebruik ook rollenspelen waarbij kinderen de schuld krijgen van iets wat ze niet gedaan hebben, waarbij een leuke activiteit die niet doorgaat, waarbij ze verliezen met een spelletje et cetera.
- Interview gevoelens: de kinderen interviewen elkaar.
- Werkblad gevoelens maken, zie bijlage.
- Vier tekeningen maken van jezelf met betrekking tot de vier basisgevoelens.

INTERVIEW GEVOELENS

1) Waar word jij blij van?

2) Hoe kan ik dat aan jou zien?

3) Waar word jij boos van?

4) Hoe kan ik dat aan jou zien?

5) Waar word jij zenuwachtig of bang van?

6) Hoe kan ik dat aan jou merken?

7) Waar word jij verdrietig van?

8) Hoe kan ik dat aan jou merken?

WERKBLAD GEVOELENS 2

1) Als ik voor de eerste keer naar mijn nieuwe school ga, dan voel ik me _____

2) Als ik ga afzwemmen voor mijn diploma, dan voel ik me _____

3) Als ik de loterij heb gewonnen, dan voel ik me _____

4) Als mijn huisdier ziek is, dan voel ik me _____

5) Als ik gepest wordt op school, dan voel ik me _____

6) Als ik een slecht cijfer haal voor mijn toets, dan voel ik me _____

7) Als ik lang op mag blijven, dan voel ik me _____

8) Als ik een opdracht niet begrijp, dan voel ik me _____

9) Als ik had afgesproken om naar het zwembad te gaan en het gaat niet door, dan voel ik me _____

10) Als mijn vader zei dat hij zou bellen, maar hij doet het niet, dan voel ik me _____

11) Als ik een gaaf cadeau krijg voor mijn verjaardag, dan voel ik mij _____

12) Als mijn beste vriend een cadeau krijgt dat ik zelf ook heel graag zou willen, dan voel ik mij _____

Afsluiting
Sluit af in de kring en geef een compliment voor het volhouden en het meedoen.

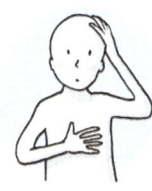

Vaktherapie hoofdstuk 5 – Ervaren hoe je je voelt

Doel
Gevoelens herkennen en onderscheiden, eigen emoties herkennen en kenbaar kunnen maken opdat anderen hierop kunnen reageren.

Benodigdheden
- Affiche met de stappen: ervaren hoe je je voelt
- Materialen voor de gekozen activiteit

Uitleg van de vaardigheid
'Een gevoel binnen in je noemen we ook wel emotie. Hierbij gaat het om dingen als verdriet, blijdschap en verlegenheid. Er is ook een gevoel aan je buitenkant: een gevoel van pijn, of van kou of warmte. Een gevoel dat komt doordat je ziek bent, hoort hier ook bij.

Oefenmoment
Laat een plaatje zien uit de krant en bespreek wat er te zien is. 'Hoe zal iedereen zich voelen? Hoe zou jij je voelen als jij het was?'

Met behulp van een alsof-situatie kan de veiligheid gecreëerd worden die nodig is om over jezelf na te denken. Vraag de kinderen om stilstaand uit te beelden hoe ze zich voelen. 'Hoe sta je, zit je, kijk je?'

Overgangsmoment
Begeleid de overgang van actief kijken naar actief bezig zijn. Vertel waarom het belangrijk is om te weten hoe je je voelt.
- Als je zelf weet hoe je je voelt, kun je het beter vertellen aan anderen
- Anderen kunnen je helpen
- Iemand anders weet wat jij leuk vindt wanneer jij zegt dat je ergens blij van wordt of over bent
- Mensen om jou heen begrijpen jouw reactie beter wanneer je vertelt wat je voelt

De activiteit

Materiaal	Activiteit	Aansturing door behandelaren
Tekenpapier Potloden, stiften, linialen, gum	Tekening maken van een klimrek/speeltuin, met veel poppetjes erin en veel details om op te letten.	Eigen vormgeving en creativiteit stimuleren. Bevragen op gevoelens van de getekende figuren en waaraan we dat kunnen zien. 'Wat zou jij zelf het leukst vinden in deze speeltuin? Ken je ook mensen/kinderen die bang zijn op een bepaalde plek in je speeltuin? Wat doen zij, waaraan kun je zien dat ze bang zijn?

Of:

Materiaal	Activiteit	Aansturing door behandelaren
Voor elk kind een schoenendoos Veel materialen om de binnenkant van de kijkdoos te maken Verf of stiften voor de buitenkant van de doos	Maak een kijkdoos met een binnenkant die gaat over een gevoel dat je zelf hebt gehad. Doe er dingen in die bij dat gevoel passen. Schrijf aan de buitenkant het gevoel dat er voor jou bij past.	Voorbeelden van jezelf kunnen de kinderen op gang helpen om ideeën te genereren. Laat de kinderen zelf verzinnen wat ze maken, zolang ze erover kunnen vertellen en de link naar hun eigen gevoel kunnen leggen. Door het werkstuk worden ze zich bewuster van de zichtbare en onzichtbare kanten van hun eigen gevoel. Benoem dat voor hen als je erover praat, zodat zij er woorden aan leren geven. Sommige kinderen zijn vooral met de buitenkant bezig, het lukt misschien nog niet goed om het gevoel verder te gaan ontdekken of er eigen dingen bij te verzinnen. Benoem dat als een goede poging om over het gevoel na te denken.

Afsluiting
Sluit af in de kring en geef een compliment voor het volhouden en het meedoen.

6 Jezelf rustig maken

Samenvatting

In dit hoofdstuk staat de sociale vaardigheid 'jezelf rustig maken' centraal. Deze vaardigheid is van groot belang voor kinderen met gedragsproblemen. De kinderen leren in eerste instantie goed bij zichzelf te letten op lichamelijke signalen. Er wordt vooral aandacht besteed aan de vragen: 'Wanneer voel je je rustig? Wat is een plek waar jij rustig kunt worden, wat heb je nodig om rustig te worden als je te druk bent?' Oplossingsvaardigheden worden verzameld, getest op bruikbaarheid en geoefend.

Deze bewustwording is van belang voor de vervolgstappen in de volgende hoofdstukken.

SOVA hoofdstuk 6 – Jezelf rustig maken

Doel
Vergroten van zelfregulatie.

Benodigdheden
- Affiche met de stappen: jezelf rustig maken
- Papier, pennen en kleurpotloden
- Flap-over
- Time Timer®

Uitleg van de vaardigheid
Er wordt kort teruggekomen op de vorige keer: 'Als je zegt hoe je je voelt, kunnen anderen je helpen. Vandaag gaat het over manieren waarop je jezelf kunt helpen / jezelf rustig kunt maken.'

Voorbeeld rollenspel: Er is ruzie op het schoolplein, een behandelaar geeft de andere behandelaar de schuld dat hij/zij de voetbal op het dak heeft geschopt. Dit is niet waar, en behandelaar 2 wordt hier erg boos om. Laat duidelijk zien welke manieren er zijn om rustig te worden en introduceer het onderwerp en de stappen.

Introductie van de stappen op het affiche
Jezelf rustig maken:
- Ik voel me boos, blij, bang, verdrietig
- Ik tel van 10 naar 1
- Ik maak mijn adem/hart rustig

Rollenspel

Speel het rollenspel nogmaals en vraag de kinderen goed op de stappen te letten: wat zagen ze, wat hoorden ze, hoe maakten de behandelaren zichzelf rustig? Bespreek het belang van 'jezelf rustig maken'. Laat de kinderen meedenken waarom 'rustig worden' belangrijk is en wat het voordeel is als je dit goed kunt. Voorbeelden hiervan zijn: je krijgt geen problemen, je doet geen dingen waar je spijt van krijgt, je kunt jezelf beter sturen. Het is ondersteunend om het 'waarom' op een flap-over te schrijven. Denk samen met de kinderen na over de laatste stap: je adem en hart rustig maken; hoe kun je dit doen? Schrijf ook deze ideeën op. Hierna gaan alle kinderen in een rollenspel oefenen met 'zichzelf rustig maken'. Als kinderen dit aankunnen, kun je samen terugdenken aan de vaardigheid 'vertellen hoe je je voelt' en hoe dit samenhangt met deze vaardigheid. Deze vaardigheden kun je samen oefenen in een rollenspel.

Voorbeelden hiervan zijn:
- Je klasgenoot schiet de bal over het hek. Dit was je lievelingsvoetbal. (Vertel hoe je je voelt en ...) Laat zien hoe je jezelf rustig kunt maken.
- Je klasgenoot leent je fiets en als hij hem terugbrengt, is de band lek. (Vertel hoe je je voelt en ...) Laat zien hoe je jezelf rustig kunt maken.
- Je moet auditie doen voor een rap op school. Laat zien hoe je jezelf rustig kunt maken.
- Het is de nacht voor je verjaardag en je bent superzenuwachtig. Laat zien hoe je jezelf rustig kunt maken
- Je hebt een hele grote toren gebouwd en een jongen loopt langs en stoot de toren om. Laat zien hoe je jezelf rustig kunt maken
- Je wilt je kleurplaat supernetjes maken, maar je schiet per ongeluk uit. Laat zien hoe je jezelf rustig kunt maken.

Vervolgoefening

De behandelaren bepalen, eventueel in overleg met de kinderen, voor welke activiteit gekozen wordt.

Standaard:
- De stappen behorend bij 'jezelf rustig maken' tekenen.
- Welke manieren hebben de kinderen al bedacht om zichzelf rustig te maken? Manieren kunnen zijn: kleuren, stripboek lezen, even naar de wc gaan, vertellen wat er aan de hand is, even alleen zijn. Schrijf ze op een groot vel.
- Een ontspanningsoefening doen waarin je oefent met het rustig maken van je adem en hart. Je kunt ter inspiratie kijken naar de methode 'stil zitten als een kikker' of op internet zoeken naar filmpjes. Belangrijk is dat het concreet is en goed vol te houden. Ademhalingsoefeningen kun je bijvoorbeeld doen door als je ligt een boek op je buik te leggen en te zien hoe dit boek op en neer gaat. Een ander voorbeeld is drie keer heel diep ademhalen met je ogen dicht en een pauze hebben tussen in- en uitademen. Het is beter als je deze oefeningen vaker laat terug komen en niet te lang achter elkaar doet.

Opties:
- Maak in tweetallen een gevoelsthermometer of stoplicht, waarbij rood WOEDEND is en groen rustig. Gebruik de woorden van de kinderen. Als zij bijvoorbeeld groen 'chill' noemen, schrijf dit dan ook zo op de thermometer. Maak het gedrag zo concreet mogelijk: 'Hoe sta je als je oranje bent?' Laat de kinderen het voordoen in hun houding en gezichtsuitdrukking. Je kunt hier eventueel foto's van maken. Ondersteunende vragen zijn: 'Bij welke kleur kun je nog praten? Bij

welke kleur kun je weglopen van de situatie? Bij welke kleur moet je een time-out nemen? Hoe krijg je weer een lager cijfer op je thermometer? Bij welk cijfer ben je weer rustig genoeg?'

Afsluiting
Sluit af in de kring en geef een compliment voor het volhouden en het meedoen.

Vaktherapie hoofdstuk 6 – Je rustige plek weten, je hart rustig maken

Doel
Vergroten zelfregulatie van druk naar rustig

Benodigdheden
- Affiche met de stappen: Je rustige plek weten, je hart rustig maken
- Materialen voor de gekozen activiteit

Uitleg van de vaardigheid
'Het vorige onderwerp ging over weten hoe je je voelt. Als je weet hoe je je voelt en je kunt dat ook zeggen, kan iemand je helpen als dat nodig is. Het is ook handig om jezelf goed te kennen en te weten hoe je jezelf rustig kunt maken als je boos of onrustig bent.'

Oefenmoment
'We gaan bij onszelf voelen waar we bij onszelf ons hart voelen kloppen. Voel eens in je hals, of op je borstkas. We pakken allemaal onze pols, net zolang tot je hem voelt. Voel ook de polsslag bij elkaar.' Dit versterkt het aandachtig voelen en ervaren en helpt de kinderen om bij zichzelf stil te staan.

'Nu weet je waar je hart zit en hoe hard het klopt als je rustig bent.'

'Het is ook handig om te weten waar je je rustig voelt. Bijvoorbeeld in bed, op de bank of buiten in het gras. Iedereen mag nu één plek noemen waar je jezelf rustig voelt. Dit is een persoonlijke keuze, die alleen voor jou geldt, omdat we nu eenmaal allemaal verschillend zijn.'

Overgangsmoment
Begeleid de overgang van actief kijken naar actief bezig zijn. Vertel waarom het belangrijk is om te weten hoe je jezelf rustig kunt maken, bijvoorbeeld:
- Je blijft zelf bepalen wat je doet
- Je weet wat je doet
- Vanuit rust kun je beter nadenken
- Je kunt beter met anderen praten als je rustig bent
- Je oefent met een activiteit waarbij je aandacht naar binnen gericht is, als het ware naar je eigen hart, zodat het rustig kan worden

JEZELF RUSTIG MAKEN

De activiteit

Materiaal	Activiteit	Aansturing door behandelaren
Stukjes speksteen, eventueel voorgeboord zodat ze aan een touwtje kunnen Vijlen, schuurpapier water, handdoek	Een hart maken van speksteen.	Bevorder werken aan eigen werkstuk. Zorg voor rustig en veilig gebruik van het gereedschap, stimuleer afwerking, glad maken als aandacht voor eigen werk en dus voor zichzelf. Benoem negeren van gedrag van anderen als positieve aandacht voor jezelf.

Of:

Materiaal	Activiteit	Aansturing door behandelaren
Klei	Een slang of slak maken van een rol klei die als een spiraal naar het rustige midden gaat.	Benoem concentratie als positief: als je aandachtig bezig bent, weet je beter wat je zelf kunt en krijg je vanzelf ideeën die bij jezelf passen. Stimuleer afwerking als aandacht voor jezelf.

Of:

Materiaal	Activiteit	Aansturing door behandelaren
Tekenmaterialen Papier	Begin met een cirkel van krijt, maak een stevige lijn, zodat een duidelijke ruimte binnen en buiten de cirkel ontstaat. Binnen de cirkel teken je een plek waar je je rustig voelt. Met veel details, dat maakt het makkelijker om later nog eens terug te denken aan deze tekening.	Let op het eigen werk en idee van de kinderen, de getekende cirkel is bedoeld als bescherming. De getekende plek kan in huis zijn, of op school, of buiten. Bespreek met de kinderen individueel wat deze plek zo goed maakt om rustig te zijn.

Afsluiting

Sluit af in de kring en geef een compliment voor het volhouden en het meedoen.

7 Slim kiezen

Samenvatting

In dit hoofdstuk staat de sociale vaardigheid 'slim kiezen' centraal. Deze vaardigheid is van groot belang voor kinderen met gedragsproblemen. De kinderen leren in eerste instantie goed te kijken naar de situatie en de mogelijkheden daarin. Dan wordt vooral aandacht besteed aan de vraag: 'Wat is nu het slimst wat je kunt doen?' Er wordt aandacht besteed aan alle voorgaande vaardigheden en de gevolgen van oplossingen. Kinderen worden gestimuleerd om én aan zichzelf te denken én aan de ander. Oplossingsvaardigheden worden verzameld, getest op bruikbaarheid en geoefend.

Deze vaardigheid is van belang voor de vervolgstappen in de volgende hoofdstukken.

SOVA hoofdstuk 7 – Slim kiezen

Doel
Verschillende reactie- en actiemogelijkheden kunnen afwegen. Het accent wordt gelegd op omgaan met teleurstelling en boosheid en op manieren om rustig te blijven.

Benodigdheden
- Affiche met de stappen: slim kiezen
- Flap-over
- Time Timer®

Uitleg van de vaardigheid
Begin met het herhalen van de vaardigheid van vorige keer. 'Wie weet nog waar het over ging en wil het rollenspel spelen met een van de behandelaren?' De behandelaren doen ofwel samen, of in samenwerking met een kind, opnieuw hetzelfde korte rollenspel: er staat een behandelaar te voetballen, touwtjespringen of iets dergelijks. Het kind staat langs de kant en laat zien dat het mee wil doen. Waar hebben de andere kinderen op gelet? Gebruik hierbij de stappen op het affiche.

Introductie van de stappen op het affiche
Slim kiezen:
- Wat is het probleem?
- Ik bedenk oplossingen
- Ik kies een slimme oplossing

Rollenspel: accent op rustig blijven, omgaan met teleurstelling

Het rollenspel wordt herhaald en de kinderen wordt gevraagd goed op de stappen te letten. Als dit kan, kun je ook een kind vragen het rollenspel over te nemen en een slimme oplossing te kiezen. Dit geldt dan als het eerste rollenspel. Vraag in dit geval eerst aan het kind welke oplossing het gaat kiezen, dit om gekke oplossingen te voorkomen.

Hierna wordt er nog een rollenspel voorgedaan:

Een behandelaar is op de trampoline. De andere behandelaar vraagt of hij mee mag doen en krijgt 'nee' als antwoord. Vraag aan de kinderen wat het probleem is en wat oplossingen zouden kunnen zijn. Laat twee oplossingsmogelijkheden zien. Mogelijkheid 1: De behandelaar laat zien dat hij/zij teleurgesteld is en loopt boos stampend weg. Mogelijkheid 2: De behandelaar laat zien dat hij/zij teleurgesteld is, telt achteruit van 10 tot 1 om rustig te worden. Hij vraagt waarom hij niet mee mag doen. Hierop krijgt hij als antwoord dat de ander nu even alleen wil spelen. Wel wordt voorgesteld om straks samen een spel te doen.

Bespreek het rollenspel na. 'Wie kiest voor oplossing 1? Wie kiest voor oplossing 2? Waarom?' Welke manieren kennen de kinderen om rustig te blijven of te worden (herhaling vorige week)?

Hierna gaan alle kinderen oefenen met een rollenspel. Als de kinderen dit kunnen en je schat in dat het kan in verband met de groepsdynamiek, vraag de kinderen dan om zelf een 'probleem' in te brengen. Als dit te moeilijk is of te veel onrust teweegbrengt, leg dan het accent op rustig blijven. 'Hoe blijf je rustig, wat kun je doen, wat is een slimme oplossing?' Aan de kinderen die niet meedoen, kan worden gevraagd of zij nog meer oplossingen kennen en of ze de gekozen oplossing slim/handig vinden.

Voorbeelden rollenspelen:
- De juf denkt dat jij een propje hebt gegooid, maar je buurman heeft het gedaan. Hoe blijf je rustig? Wat kun je doen? Wat is een slimme oplossing?
- Je bent in de supermarkt bijna aan de beurt. Iemand dringt voor. Wat kun je doen? Wat is de slimste oplossing?
- Een klasgenoot geeft je bij voetbal/basketbal/trefbal een duw. Je hebt pijn aan je been. Hoe blijf je rustig? Wat kun je doen? Wat is een slimme oplossing? NB Geef expliciet aandacht aan de intentie die het kind de ander toedicht: expres of per ongeluk.
- Je wordt geplaagd met je nieuwe trui/broek/haar of iets dergelijks. Hoe blijf je rustig? Wat kun je doen? Wat is een slimme oplossing?
- Je zou dit weekend met je vriend/vriendin/neefje/nichtje naar het zwembad gaan. Je vriend/vriendin/neefje/nichtje is ziek en belt die ochtend af. Hoe blijf je rustig? Wat kun je doen? Wat is een slimme oplossing?
- Je hebt een heel mooi bouwwerk van de speelblokken gemaakt / een hele mooie tekening gemaakt. Een klasgenoot loopt langs je tafel en stoot je bouwwerk van de tafel af / knoeit met limonade op je tekening. Het bouwwerk is stuk / de tekening is vernield. Hoe blijf je rustig? Wat kun je doen? Wat is een slimme oplossing? NB Geef extra aandacht aan de intentie die het kind de ander toedicht: expres of per ongeluk.
- Je wilt met je favoriete speelgoed spelen en komt erachter dat je kleine broertje/zusje dit van je kamer heeft gepakt. Hoe blijf je rustig? Wat kun je doen? Wat is een slimme oplossing?

- Iemand zegt nare dingen over jou en gebruikt scheldwoorden. Ook zegt hij nare dingen over je moeder / je familie. Hoe blijf je rustig? Wat kun je doen? Wat is een slimme oplossing?

Vervolgoefening
– Als boosheid een issue is, kun je hier extra aandacht aan besteden. Het helpt dan om een soort gebruiksaanwijzing te maken waarin het kind ook zijn/haar ouders/therapeuten/leraren tips geeft over hoe ze met hem/haar kunnen omgaan als hij/zij boos is. Hieronder staat een (uitgetypt) voorbeeld van de gebruiksaanwijzing van Bas. Als het kinderen niet lukt om zelf op dingen te komen die wel/niet werken, kun je als behandelaar ook een lijst geven met picto's/plaatjes/voorbeelden die ze kunnen aankruisen.

Gebruiksaanwijzing Bas
Hoi, ik ben Bas. Dit is mijn gebruiksaanwijzing. Iedereen werkt anders. Het is fijn als mensen weten hoe ik werk, dan kunnen ze me helpen. Ook snappen ze het misschien beter als ze snappen wat ik lastig vind. Hierin staat hoe ik goed kan werken en hoe ik niet goed kan werken.

Bij mij werkt het goed:
– als ik alleen aan tafel zit;
– als ik een koptelefoon op heb tegen het geluid;
– als ik precies weet wat ik moet doen;
– als de opdracht kort is en ik snel klaar ben;
– als het een praktische opdracht is, bijvoorbeeld dat ik iets moet maken met mijn handen;
– als de juf of meester in de buurt is zodat ik een vraag kan stellen.

Bij werkt het niet goed:
– als ik met veel andere kinderen aan tafel zit;
– als iedereen praat en er veel geluid is in de klas;
– als ik de opdracht niet snel af krijg en ik lang moet nadenken;
– als ik niet snap wat ik moet doen;
– als ik niemand kan vragen hoe het moet.
– Als jullie vragen hebben over deze gebruiksaanwijzing, vraag het me!

Groetjes Bas

Afsluiting
Sluit af in de kring en geef een compliment voor het volhouden en het meedoen.

Vaktherapie hoofdstuk 7 – Slim kiezen als je iets aan het doen bent

Doel
Verschillende oorzaak/gevolg-mogelijkheden kunnen afwegen.

Benodigdheden
- Affiche met de stappen: slim kiezen als je iets aan het doen bent
- Materialen

Uitleg van de vaardigheid
'Als je iets gaat maken, moet je de hele tijd kiezen. Dat doe je met je hoofd. Je bedenkt iets en dat heeft een gevolg. Als je wilt gaan tekenen, kies je of je met potlood of met stiften wilt tekenen. Daarna kun je weer verder.

Bij slim kiezen gaat het om gedachten in je hoofd, hoe die werken. Het gaat ook om de volgorde waarin je de dingen bedenkt en doet.'

Oefenmoment
Leg in het lokaal twee vellen papier op de grond, een groen en een rood. Als je bij het rode papier staat, betekent het: 'Dit vind ik niet leuk', en bij het groene vel: 'Dit vind ik wel leuk.' Noem dingen, etenswaren en activiteiten op en vraag de kinderen bij het vel te gaan staan dat bij hun keuze past.

Leg uit dat iedereen de hele dag door kiest. 'Sommige keuzes zijn makkelijk en sommige ingewikkeld. Je zou er gek van worden als je er altijd heel diep over na moest denken, en toch is het handig om dat nu eens wel te doen.'

Overgangsmoment
Begeleid de overgang van actief kijken naar actief bezig zijn. Vertel waarom het belangrijk is om slim te kiezen als je iets aan het doen bent. Om de handigste volgorde te weten, moet je keuzes maken en nadenken wat eerst en wat later moet, zodat je geen dingen dubbel hoeft te doen, of overnieuw hoeft te maken.

De activiteit

Materiaal	Activiteit	Aansturing door behandelaren
Een profiel van een hoofd met ruimte om te tekenen op de plek van de hersenen Linialen en stiften om lijnen te trekken Materialen om erop aan te brengen, zoals kralen, kurken et cetera Plaatjes om buiten het hoofd te kunnen plakken	Een profielportret: Neem het profiel over op een groot vel en plak of teken plaatjes van dingen die je om je heen kunt zien/horen/ruiken/waarnemen. Door lijnen te tekenen suggereer je de weg die de informatie aflegt via de ogen/oren naar de hersenen. Teken of schrijf wat er in jouw hersenen gebeurt.	Ieder werkt voor zichzelf, maar de kinderen kunnen wel elkaar op ideeën brengen. Stimuleer eigen ideeën en vormgeving en blijf terugkomen op het thema: 'Dus je ziet iets, en dan denk je iets. Vóórdat je iets doet.'

Of:

Materiaal	Activiteit	Aansturing door behandelaren
Een fotolijstje van blank hout Stiften, versierspullen, plaatjes, lijm, scharen	Versier een schilderijlijstje en bedenk wat je erin gaat doen. Beslis van tevoren voor wie het lijstje wordt: maak je het voor jezelf, dan gebruik je materialen en kleuren die jij mooi vindt. Maak je het lijstje voor een ander, bedenk dan wat diegene mooi zal vinden en leuk om naar te kijken.	Stimuleer het 'eerst denken, dan doen'. Zet de benodigde materialen niet op de tafel waar de kinderen aan zitten, maar op een tafel apart zodat ze in actie moeten komen om iets te halen. Een gesprek over denkstappen en beslissingen is belangrijker dan het resultaat.

Afsluiting
Sluit af in de kring en geef een compliment voor het volhouden en het meedoen.

8 Aan een ander denken / rekening houden met een ander

Samenvatting

In dit hoofdstuk staat de sociale vaardigheid 'rekening houden met een ander' centraal. Deze vaardigheid is van groot belang voor kinderen, want ze bevinden zich regelmatig in groepen, zowel op school als in het gezin of de groep. In elke groep en in elke situatie heeft iedereen een positie en een eigen rol. Deze vaardigheid is van belang om hier op een adequate manier mee om te gaan. Ze leren wat ze zelf kunnen en doen, maar ook naar anderen te kijken en zich te verhouden tot de ander. Oplossingsvaardigheden worden verzameld, getest op bruikbaarheid en geoefend. Er is speciale aandacht voor de gevolgen voor de ander van gekozen oplossingen.

Deze bewustwording is van belang voor de vervolgstappen in de volgende hoofdstukken.

SOVA hoofdstuk 8 – Aan een ander denken / rekening houden met een ander

Doel
Kijken naar de ander, inschatten/vragen hoe de ander zich voelt, leren rekening te houden met de ander. Het erkennen en herkennen van de grenzen van de ander. Bedenken hoe je gaat reageren. Vergroten van inzicht in de eigen positie ten opzichte van een ander.

Benodigdheden
- Affiche met de stappen: aan een ander denken / rekening houden met een ander
- Papier, pennen en kleurpotloden
- Flap-over
- Time Timer®

Uitleg van de vaardigheid door een rollenspel van de behandelaren
De behandelaren doen een rollenspel voor. Er wordt van de kinderen gevraagd om goed te kijken en te luisteren. Een van de behandelaren speelt een kind, de ander de moeder. Het kind is heel hard (met veel geluid) aan het spelen/rappen/meezingen. Moeder heeft erge hoofdpijn en kijkt heel moeilijk. Moeder zegt tegen het kind: '(Naam), ik heb echt erge hoofdpijn. Kun je even rustig spelen?' Hierop gaat het kind stil spelen of bedenkt een andere oplossing (bijvoorbeeld naar een andere kamer gaan om daar te spelen).

Hierop wordt de kinderen gevraagd wat ze gezien en gehoord hebben. Het onderwerp wordt geïntroduceerd en er wordt kort uitgelegd waar het vandaag over gaat.

Introductie van de stappen op het affiche
Aan een ander denken / rekening houden met een ander:
- Ik kijk naar de ander
- Ik luister goed naar de ander
- Ik houd rekening met de ander

Rollenspel
Het rollenspel wordt herhaald en de kinderen wordt gevraagd op welke manier ze zagen dat het kind rekening hield met moeder. Ook wordt er gevraagd op welke manier het nog meer rekening met haar had kunnen houden. Hierna gaan alle kinderen weer oefenen. Na elk rollenspel vraag je aan de kinderen of ze nog een andere manier kunnen bedenken om rekening te houden met de ander. Als ze goede ideeën hebben, kunnen deze situaties ook gebruikt worden voor een rollenspel. Voorbeelden van rollenspelen zijn:
- Je vriendje vindt het heel eng om te skateboarden. Houd rekening met hem.
- Je vriend heeft een nieuwe telefoon en je wilt hem graag lenen. Je vriend is er erg zuinig op. Houd rekening met hem.
- Je maakt per ongeluk iets kapot van een ander. Denk aan de ander.
- Je bent met een vriend thuis aan het spelen, maar je broertje is ziek. Houd rekening met hem.
- Je wilt graag naar de bioscoop met je vriend, maar hij heeft geen geld. Denk aan hem.
- Een jongen in je klas wordt gepest omdat hij kleren aan heeft met gaten erin. Houd rekening met hem.
- Er is een nieuwe jongen in de klas en hij praat nog niet zo goed Nederlands. Houd rekening met hem.
- Je bent aan het voetballen met twee teams. Het ene team is duidelijk veel beter dan het andere team. Houd rekening met elkaar.

Welke manieren hebben de kinderen al bedacht om rekening te houden met een ander? Welke situaties kunnen we bedenken waarin mensen verschillend zijn?

Vervolgoefening
De behandelaren bepalen, eventueel in overleg met de kinderen, voor welke activiteit gekozen wordt. Keuzemogelijkheden zijn:
- De stappen behorend bij 'rekening houden met elkaar' tekenen.
- Vul in tweetallen het werkblad 'Verschillen' in.
- Maak het werkblad 'Rekening houden met elkaar'.

Afsluiting
Sluit af in de kring en geef een compliment voor het volhouden en het meedoen.

AAN EEN ANDER DENKEN / REKENING HOUDEN MET EEN ANDER

WERKBLAD VERSCHILLEN

Iedereen is anders. Als jij iets leuk vindt, hoeft die ander dat nog niet leuk te vinden. Dit werkblad gebruik je om te kijken of jullie hetzelfde denken over dingen. Het zijn maar voorbeelden, er zijn nog heel veel andere dingen waarop je van elkaar kunt verschillen.

Blauw of rood?

Ik: _____

Klasgenoot: _____

Gamen of filmpjes kijken?

Ik: _____

Klasgenoot: _____

Verjaardag of Sinterklaas?

Ik: _____

Klasgenoot: _____

Zwemmen of schaatsen?

Ik: _____

Klasgenoot: _____

Geld of geluk?

Ik: _____

Klasgenoot: _____

Pizza of patat?

Ik: _____

Klasgenoot: _____

Achtbanen, leuk of eng?

Ik: _____

Klasgenoot: _____

Wel of geen broertjes of zusjes?

Ik: _____

Klasgenoot: _____

Slang, eng of leuk huisdier?

Ik: _____

Klasgenoot: _____

WERKBLAD REKENING HOUDEN MET ELKAAR

1. Als je moeder hoofdpijn heeft, hoe kun je dan rekening houden met haar?

2. Als je broertje ziek is, hoe kun je dan rekening houden met hem?

3. Als je broer zegt dat je zijn telefoon niet mag gebruiken, hoe kun je dan rekening houden met hem?

4. Als je moeder zegt dat ze weinig geld heeft, hoe kun je dan rekening met haar houden?

5. Als een jongen wordt gepest in de klas, hoe kun je dan rekening met hem houden en aan hem denken?

6. Als een jongen uit je klas geen fiets heeft en naar school moet lopen, hoe kun je dan rekening met hem houden?

Vaktherapie hoofdstuk 8 – Wat zijn de verschillen / overeenkomsten tussen mij en de ander

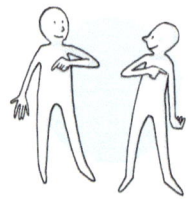

Doel
De kinderen zich meer bewust maken van hun rol in de groep. Duidelijk maken hoe mensen zich verhouden tot elkaar.

Benodigdheden
- Affiche met de stappen: wat zijn de verschillen / overeenkomsten tussen mij en de ander
- Materialen voor de gekozen activiteit

Uitleg van de vaardigheid
'Als je iets met iemand anders doet, zijn er altijd verschillen: de één kan dit goed en een ander dat. Je kunt elkaar helpen en beter samen spelen als je weet wat een ander goed of minder goed kan.'

Oefenmoment
Verzin met elkaar verschillen en overeenkomsten van de kinderen in de groep. 'Wat zijn dingen die je zelf bepaalt? Bijvoorbeeld hoe je je gedraagt, wat je aantrekt en op welke sport je zit. Welke verschillen in de groep zijn er gewoon, zonder dat iemand daar zelf voor kiest? Zoals of je een jongen of een meisje bent, of je blond of zwart haar hebt, of je goed kunt rekenen of niet.'

Doe het volgende spelletje. 'Ga bij elkaar staan als je dezelfde kleur haar hebt, als je dezelfde leeftijd hebt, als je dezelfde kleur ogen hebt, als je op dezelfde school zit.'

Overgangsmoment
Begeleid de overgang van actief kijken naar actief bezig zijn. Vertel waarom het belangrijk is om te zien dat iedereen verschillend is en wat verschillen en overeenkomsten tussen kinderen zijn.
- Iedereen denkt anders, dus het is belangrijk om vragen te stellen als je iets niet begrijpt.
- Je snapt een ander dan beter.
- Je weet beter wat je wel of juist niet kunt doen als je goed wilt samenwerken met kinderen die anders zijn dan jij.
- Het is leuk om met anderen iets samen te doen omdat je samen meer weet en meer dingen kunt bedenken.

De activiteit

Materiaal	Activiteit	Aansturing door behandelaren
Papier, liniaal, potloden Foto's van de kinderen Leeftijden van de kinderen	Een schoolplein of speelplein tekenen, met mogelijkheden voor iedereen: waar ze van houden, waar ze goed in zijn, wat ze leuk vinden.	Laat de kinderen hardop nadenken en vertellen wat ze maken, zodat aan tafel duidelijk wordt dat er verschillen en overeenkomsten zijn. Stimuleer het denken aan elkaar, het bedenken wat voor een ander leuk is.

Of:

Materiaal	Activiteit	Aansturing door behandelaren
Camera	Een fotoserie maken van elkaar in kleine groepjes. Maak ook één groepsfoto.	Zorg voor positieve bekrachtiging van alle momenten dat een kind een vraag stelt aan een ander, meedenkt met de ander en merkt dat er verschillen mogen zijn, dat er goed gevraagd wordt aan elkaar hoe ze op de foto willen. Complimenteer het goed luisteren naar elkaar, het aardig doen tegen elkaar en het rekening houden met elkaar.

Afsluiting

Sluit af in de kring en geef een compliment voor het volhouden en het meedoen.

9 Samen spelen en werken: overleggen

Samenvatting

In dit hoofdstuk staat de sociale vaardigheid 'samen spelen en werken' centraal. Deze vaardigheid is van groot belang voor kinderen, want ze bevinden zich vaak in groepen, zowel op school als in het gezin of de groep. In elke groep en in elke situatie moet geregeld samengewerkt of kan samengespeeld worden. Overleggen vereist veel van de voorgaande vaardigheden. Om deze vaardigheid te beheersen wordt geoefend met handige vragen, weten wat je zelf leuk vindt, merken wat een ander leuk vindt, slimme keuzes maken en aardige dingen zeggen en doen.

Oplossingsvaardigheden worden verzameld, getest op bruikbaarheid en geoefend.

SOVA hoofdstuk 9 – Samen spelen en werken: overleggen

Doel
Vergroten van de communicatiemogelijkheden tot samenwerking en overleg. Denken aan wat jij wilt, maar ook aan wat de ander wil, en hier een balans in vinden. Vergroten van de frustratietolerantie wanneer iets niet helemaal gaat zoals je wilt.

Benodigdheden
- Affiche met de stappen: samen spelen en werken: overleggen
- Flap-over
- Fototoestel
- Time Timer®

Uitleg van de vaardigheid
De behandelaren illustreren de vaardigheid aan de hand van een rollenspel. Eén behandelaar wil graag 'wie is het' spelen met de andere behandelaar en zegt dit hardop tegen zichzelf. De andere behandelaar zit aan tafel als hem/haar wordt gevraagd om samen 'wie is het' te spelen. Behandelaar 2 geeft als antwoord dat hij/zij wel wil samenspelen, maar liever memory wil doen. Behandelaar 1 houdt nog even vol dat hij/zij heel graag 'wie is het' wil spelen. Behandelaar 2 weet een oplossing: als we eerst memory spelen, kunnen we daarna of een andere keer 'wie is het' spelen. Behandelaar 2 vraagt expliciet om toestemming aan behandelaar 1: Vind je dat oké? Behandelaar 1 vindt dit oké. Laat ook een voorbeeld zien waarbij beide behandelaren voet bij stuk houden. Vraag aan de kinderen: 'Wat is het verschil? Wat is de handigste oplossing? Hoe zou je je voelen in beide situaties?' Als behandelaar zoek je twee spellen uit die de meeste kinderen in ieder geval kennen.

Introductie van de stappen op het affiche
Samen spelen en werken: overleggen:
- Ik vraag iemand om samen te spelen
- Ik zeg wat ik leuk vind om te doen en vraag dit ook aan de ander
- We maken een plan als we allebei iets anders leuk vinden

Rollenspel
Herhaal het rollenspel van hierboven en vraag de kinderen goed te letten op de stappen. Hierna gaan alle kinderen zelf oefenen in een rollenspel. Voorbeelden van een rollenspel zijn:
- Je gaat met een vriend naar buiten. Jij wilt voetballen, maar je vriend wil naar de stad / het dorp. Overleg samen.
- Jij wilt 'James Bond' kijken, maar je vriend 'Harry Potter'. Overleg samen.
- Je krijgt de opdracht om samen iets te knutselen. Overleg samen wat je gaat maken.
- Jullie mogen thuis kiezen wat jullie gaan eten. Overleg met je broertje/zusje wat jullie samen kiezen.

Vervolgoefening in twee groepjes van vier kinderen
- Teken de stappen.
- De kinderen maken samen een opdracht, in groepjes van vier. Vouw een papier in drie gelijke delen. Ieder kind krijgt een papier en tekent hierop het hoofd / de kop van een dier (dat echt bestaat). Belangrijk is dat de lijntjes van de nek doorlopen over de vouwlijn. Dan wordt het papier doorgeschoven naar de rechter buurman/-vrouw. Bij het doorschuiven zegt ieder kind welk dier het heeft getekend. Ieder volgend kind tekent vervolgens de romp / het lijf van het dier. Dan wordt het papier nogmaals doorgeschoven en tekent ieder kind de benen/voeten van het dier. Dan vouwen de kinderen het papier uit.
- Bedenk in tweetallen een plan: 'Je loopt samen op straat en komt een huilend meisje tegen. "Mijn poes zit in de boom!", snikt ze. "Ik weet niet wat ik moet doen, willen jullie me helpen?" Bedenk samen een plan om het meisje weer blij te maken en de poes veilig naar beneden te laten komen. Elk plan is goed. Verdeel samen de taken, wie doet wat?' De kinderen kunnen het plan opschrijven of tekenen. Daarna kunnen ze het aan elkaar vertellen en zeggen wat ze goed vinden aan het plan van de anderen.

Afsluiting
Sluit af in de kring en geef een compliment voor het volhouden en het meedoen.

Vaktherapie hoofdstuk 9 – Ruimte voor jezelf nemen

Doel
Vergroten autonomie en inzicht in eigen beleving en talenten.

Benodigdheden
- Affiche met de stappen: ruimte voor jezelf nemen
- Materialen voor de gekozen activiteit

Uitleg van de vaardigheid
'Iedereen heeft eigen ruimte nodig, om te staan of te zitten. Het kan vervelend voelen als mensen te dicht bij je in de buurt komen. Het is belangrijk om eigen ruimte te nemen, zodat je voor jezelf kunt blijven zorgen en slim kunt kiezen.'

Oefenmoment
Oefenen met ruimte innemen in een groep: 'Sta eerst dicht bij elkaar en daarna allemaal op een armlengte afstand van elkaar.' Bespreek of het verschil voelbaar is. Een oefening in tweetallen. Eén kind zit op de grond en het andere kind loopt steeds dichter op hem/haar af. Het kind op de grond zegt 'stop' als hij/zij vindt dat de ander niet dichterbij mag komen.

Overgangsmoment
Begeleid de overgang van actief kijken naar actief bezig zijn. Vertel waarom het belangrijk is om over je eigen ruimte na te denken als je samenwerkt.
- Je bepaalt op tijd wat je leuk vindt en wat niet
- Je laat het aan een ander merken
- Er gebeuren minder onverwachte dingen
- Je kunt beter rustig blijven
- Je weet waar je zelf goed in bent en maakt daar gebruik van

De activiteit

Materiaal	Activiteit	Aansturing door behandelaren
Groot kartonnen vel Stiften/potloden Bouwplaten van huisjes Scharen Lijm, eventueel plakband	Maak in tweetallen of met de hele tafel een eiland op het grote vel karton. Teken of maak er allemaal je eigen hut op, met wegen om elkaar tegen te komen.	Let op de ruimte die elk kind kiest, bevorder overleg en benoem alle vaardigheden die langskomen: luisteren naar elkaar, slim kiezen, emoties benoemen die je ziet et cetera.

Of:

Materiaal	Activiteit	Aansturing door behandelaren
Klei Onderleggers	Klei een boom die stevig en rustig staat. Zet de bomen bij elkaar als een bos. Hoe ver sta je bij de anderen vandaan? Wat is de goede plek voor jouw boom? Als de bomen bij elkaar staan, mogen er ook dieren bij gemaakt worden, of weggetjes, of wat je maar met elkaar kunt verzinnen en maken.	Oefen hoe je stevig staat, met twee voeten. Bedenk hoe een boom stevig moet staan op de grond. Wat gebeurt er als de takken te groot worden? Stimuleer de kinderen in het vinden van oplossingen om de boom stevig te maken als hij omvalt / instabiel is. Merk het op als kinderen hulp vragen, luisteren naar elkaar of vragen stellen / complimenten geven. Bespreek met de kinderen waar hun bomen staan als ze bij elkaar staan. Benoem in positieve zin wat je ziet als kinderen ruimte voor hun boom – en dus voor zichzelf – nemen, zodat kinderen leren verwoorden wat er gebeurt.

Afsluiting
Sluit af in de kring en geef een compliment voor het volhouden en het meedoen.

10 Reageren op plagen en pesten

Samenvatting

In dit hoofdstuk staat de sociale vaardigheid 'omgaan met plagen en pesten' centraal. In de vorige hoofdstukken is vooral de nadruk gelegd op een positieve en oplossingsgerichte manier van omgaan met jezelf en met de ander. In werkelijkheid is de sfeer waarin samengewerkt of samengeleefd wordt niet altijd zo positief. In dit hoofdstuk staat de vraag centraal op welke manier kinderen hier handig een draai aan kunnen geven, zichzelf en de ander kunnen snappen, zichzelf kunnen beheersen en zo mogelijk de situatie kunnen keren.
Oplossingsvaardigheden worden verzameld, getest op bruikbaarheid en geoefend.

SOVA hoofdstuk 10 – Reageren op plagen en pesten

Doel
Adequaat reageren op plagen en pesten.

Benodigdheden
- Affiche met de stappen: reageren op plagen en pesten
- Flap-over
- Time Timer®

Uitleg van de vaardigheid
De behandelaren bespreken wat pesten nu eigenlijk is. Leg uit dat pesten pas pesten is als je erop reageert. De behandelaren illustreren de vaardigheid 'omgaan met plagen en pesten' aan de hand van een rollenspel. Een behandelaar pakt de bal af van iemand anders. In het eerste voorbeeld reageert de ander boos en gaat in een hoek zitten. In het tweede voorbeeld reageert de ander rustig, maar assertief en zegt: 'Hé, ik was met de bal aan het spelen, mag ik hem terug?' Bespreek met de groep wat de pester leuker vindt: iemand die heel boos wordt en heftig reageert, of iemand die rustig blijft en om hulp vraagt.

Introductie van de stappen op het affiche
Reageren op plagen en pesten:
- Iemand zegt of doet iets wat ik niet leuk vind
- Ik reageer rustig
- Ik zoek hulp als dat nodig is

Rollenspel

Herhaal het rollenspel en laat de kinderen goed op de stappen letten. Hierna gaan alle kinderen oefenen met een rollenspel. Als je denkt dat de kinderen dit aankunnen, laat hen dan met elkaar oefenen. Geef de kinderen een duidelijke opdracht en begrens de reacties, anders kan er direct ruzie ontstaan. Voorbeeldoefeningen zijn:
- Je krijgt een (tweedehands) fiets voor je verjaardag, maar het is een meisjes-/jongensfiets. Als je het schoolplein op gefietst komt, word je uitgelachen. Reageer op een goede manier.
- Je hebt een lichamelijk gehandicapt broertje. Dit is heel erg voor je broertje en hier kun je niets aan doen. Je wordt gepest omdat je broertje niet kan lopen en anders is. Reageer op een goede manier.
- Je kunt nog niet lezen. Als je moet voorlezen in de klas word je uitgelachen. Reageer op een goede manier.
- Je moet met gym over het klimrek heen klimmen, maar je durft niet. Reageer op een goede manier.
- Je hebt rood haar en je wordt hier elke dag mee geplaagd. Reageer op een goede manier.
- Je bent in de klas de enige die weinig geld heeft. Iedereen maakt elke dag grapjes over je goedkope kleren. Reageer op een goede manier.

Vervolgoefening
- Laat de kinderen 'pestwoorden' opschrijven, waar zij zelf boos, bang of verdrietig van worden.
- Laat de kinderen allemaal een 'sorry'-kaart of brief maken voor iemand tegen wie ze ooit gemeen zijn geweest. Leg de nadruk op het gedrag van het kind, dus laat ze opschrijven (of schrijf het voor hen op....) waarom ze precies sorry zeggen, dus bijvoorbeeld voor het slaan / schoppen / gemene dingen zeggen / expres niet luisteren/ iets kapot maken van de ander.

Afsluiting
Sluit af in de kring en geef een compliment voor het volhouden en het meedoen.

Vaktherapie hoofdstuk 10 – Samen, allebei slim kiezen

Doel
- Vergroten communicatiemogelijkheden tot samenwerking en overleg.
- Vergroten frustratietolerantie wanneer iets niet helemaal gaat zoals verwacht.
- Vergroten van het besef dat bij samenwerken van alle partijen actie wordt verwacht.

Benodigdheden
- Affiche met de stappen: samen, allebei slim kiezen
- Materialen voor de gekozen activiteit

Uitleg van de vaardigheid
Als je samen iets gaat doen, moet je weten wat de ander kan en leuk vindt. Daar kom je achter door dingen te vragen, maar ook door goed te letten op wat de ander doet, hoe hij of zij reageert.

Oefenmoment
Laat de kinderen opnoemen waar iedereen goed in is, wat ieders lievelingsdier is, lievelingseten, favoriete sport, leukste tv-programma/computerspel.

Stimuleer het luisteren naar elkaar door er een quizvorm aan te verbinden.

In tweetallen een vraag- en antwoordspelletje doen om te stimuleren directe vragen aan elkaar te stellen en goed te luisteren naar de antwoorden.

Overgangsmoment
Begeleid de overgang van actief kijken naar actief bezig zijn. Vertel waarom het belangrijk is. Stimuleer de kinderen bij elkaar na te vragen of het nog leuk is / of het nog klopt / of de ander het goed vindt. Dit omdat je dan de ander de ruimte geeft zijn mening te geven. Samen wordt het beter, omdat je elkaar begrijpt. Je snapt wat de ander doet. Je kunt dan ook taken verdelen waardoor het sneller gaat of mooier wordt.'

De activiteit

Materiaal	Activiteit	Aansturing door behandelaren
Papier Potloden	Bedenk een tekenopdracht voor de ander. Ga in tweetallen tegenover elkaar zitten en bedenk om de beurt voor elkaar een opdrachtje. Begin met iets makkelijks, bijvoorbeeld: 'Teken een rondje', en maak het steeds iets leuker en moeilijker voor elkaar.	Bekrachtig het geven van eenvoudige opdrachten aan elkaar en het goed inspelen op de reactie van de ander.

Of:

Materiaal	Activiteit	Aansturing door behandelaren
Karton, plakband Niettangen, lijm Scharen Potloden	Maak samen een toren. Bedenk wat voor toren het gaat worden: een uitkijktoren een droomtoren, een slaaptoren, een omroeptoren, een toetertoren, een fantasietoren of iets dergelijks. Verzin samen hoe hij eruit gaat zien en hoe hij stevig staat. Verzin samen oplossingen als iets niet meteen lukt.	Bekrachtig het op elkaar letten. 'Vindt de ander het goed als je iets doet?' 'Vindt de ander het leuk wat je nu bedenkt / maakt?' Stimuleer het navragen bij elkaar of het bevestiging vragen.

Of:

Materiaal	Activiteit	Aansturing door behandelaren
Speelklei Schalen Borden Presentatiemateriaal	Maak met elkaar een buffet: borden en schalen met lekkere dingen om op een feest te presenteren. Overleg met elkaar wat je kunt maken en wat op welk bordje of schaal komt.	Stimuleer overleg / luisteren naar elkaar. Stimuleer eigen suggesties en creatieve oplossingen. Bevorder eigenheid / uniciteit in de groep, waardoor het zelfbeeld verbetert. Benoem overeenkomsten en verschillen tussen de kinderen: ieder heeft een eigen voorkeur en smaak.

Afsluiting
Sluit af in de kring, benoem wat goed ging en geef complimenten voor het volhouden en het meedoen.

Literatuur

- APA (2015). *Diagnostic and Statistical Manual of mental disorders* (fifth edition). Arlington: American Psychiatric Association.

- Beelen, F. & Oelers, M. (2000). *Interactief. Creatieve therapie met groepen.* Houten: Bohn Stafleu van Loghum.

- Beer, Y. de (2011). *De kleine gids: Mensen met een licht verstandelijke beperking.* Deventer: Kluwer.

- Buntinx, W.H.E. (2003). Wat is een verstandelijke handicap? Definitie, assessment en ondersteuning volgens het AAMR-model. *Nederlands Tijdschrift voor de Zorg aan Verstandelijk Gehandicapten,* 29, 4–24.

- Dekker, M.C., Koot, H.M., Van der Ende, J., & Verhulst, F.C. (2002). Prevalence of psychopathology in children and adolescents with and without a mild intellectual disability. Journal of Child Psychology and Psychiatry, 34, 1087–1098.

- Didden, D. & Moonen, X. (2013). *Met het oog op behandeling 3.* Landelijk Kenniscentrum LVG / De Borg.

- Došen, A. (1990). *Psychische en gedragsstoornissen bij zwakzinnigen. Een ontwikkelingsdynamische benadering.* Amsterdam: Boom.

- Elling, M. (2008). *Denkfouten herstellen helpt bij veel kinderen met psychische problemen – Cognitieve gedragstherapeutische interventies voor jeugdigen.* Nederlands Jeugdinstituut NJi.

- Federatie VAK therapeutische beroepen (2016). http://www.vaktherapie.nl/pages/nl/over_vaktherapie/info_vaktherapie_en_creatieve_therapie/beeldende_therapie, geraadpleegd op 12-1-2016.

- Freeman, S.F.N. (2000). Academic and social attainments of children with mental retardation in general education and special education settings. *Remedial and Special Education,* 21, 3–20.

- GGD (2015). http://www.ggd.amsterdam.nl/beleid-onderzoek/nieuwsbrief/virtuele-map/artikelen-januari-0/nieuwe-werkwijze/, geraadpleegd op 24-7-2015

- Giudici, C., Rinaldi, C., & Krechevsky, M. (Eds.) (2008). *Making learning visible: children as individual and group learners.* Reggio Emilia, Italy: Project Zero and Reggio Children.

- Helm, P. van der (2011). *First do no harm. Living group climate in secure juvenile correctional institutions.* Amsterdam: SWP.

- Hengeveld, M.W. (2014). *Beknopt overzicht van de criteria DSM-5.* Amsterdam: Boom.

- Jacobs, L., Turner, L.A., Faust, M. & Stewart, M. (2002). Social problem solving of children with and without mental retardation. *Journal of Developmental and Physical Disabilities, 14*, 37–50.

- Jong, J.D. de (2014). *Actieprogramma Risicojeugd en Jeugdgroepen De Denktank: Rolmodellen en Jeugdgroepen.* Ministerie van Veiligheid en Justitie.

- Kolb, D.A. (1984). *Experiential Learning.* New Jersey: Prentice Hall.

- Linehan, M. (2000). *Dialectische gedragstherapie bij borderline persoonlijkheidsstoornis. Theorie en behandeling.* Lisse: Swets & Zeitlinger.

- Meeusen-van de Kerkhof, R., Bommel, H. van, Wouw, W. van de, & Maaskant, M. (2001). *Kun je uit de hemel vallen? Beleving van de dood en rouwverwerking door mensen met een verstandelijke handicap.* Landelijk KennisNetwerk Gehandicaptenzorg.

- Moonen, X. & Verstegen, D. (2006). LVG-jeugd met ernstige gedragsproblematiek in de verbinding van praktijk en wetgeving. *Onderzoek en Praktijk, 4*(1), 23–28.

- Nieuwenhuijzen, M. van, Orobio de Castro, B. & Matthys, W. (2006). *LVG jeugdigen: Specifieke problematiek en behandeling.* Universiteit Utrecht en LKC-LVG.

- NJi (2015a). http://www.nji.nl/Licht-verstandelijk-beperkte-jeugd, geraadpleegd op 27-11-2015.

- NJi (2015b). http://www.nji.nl/Licht-verstandelijk-beperkte-jeugd-Probleemschets-Definitie, geraadpleegd 24-7-2015.

- NJi (2015c) http://nji.nl/Gedragsproblemen-Probleemschets-Definitie, geraadpleegd op 24-7-2015.

- NJi (2015d). http://www.nji.nl/nl/LVB_Wat_werkt.pdf, geraadpleegd op 19-11-2015.

- Stichting Mee (2015). http://www.mee.nl/upload/File/zag-je-het-maar%281%29.pdf, geraadpleegd 24-7-2015

- Wegwijzer Jeugd en Veiligheid (2015). http://www.wegwijzerjeugdenveiligheid.nl/onderwerpen/lvb-jongeren, geraadpleegd op 24-7-2015.

Over de auteurs

De auteurs stellen elkaar voor:

Ik wil mijn collega schrijfster *Ingeborg Grootendorst* (1966) aan jullie voorstellen. Ingeborg is een bevlogen en enthousiaste beeldend vaktherapeut. Naast vaktherapeut is ze moeder, zangeres, kattenliefhebber en avonturier. Ingeborg werkte na de HBO-J in orthopedagogische behandelingsgroepen. Sinds ze vaktherapeut is (1998), werkt ze als vaktherapeut in de kinderpsychiatrie in Amsterdam. Ze werkt met name met kinderen en jongeren met een licht verstandelijke beperking, maar ook met groepen en gezinnen. Wat Ingeborg een topper maakt, is wie ze is. Ingeborg oordeelt niet, staat open, met beide benen op de grond en is altijd empathisch en 'echt'. Kinderen voelen dit vaak haarfijn aan, dus vaak klikt het gemakkelijk. Ingeborg is verder een kei in het bedenken van opdrachten en het gebruiken van allerlei materialen. Ingeborg is geregistreerd vaktherapeute en heeft een eigen praktijk, die 'doen en laten vaktherapie' heet. Ze is gespecialiseerd in rouwverwerking, geschoold in PivotalResponseTreatment en DiagnosticDrawingSeries. Ingeborg maakt deel uit van het kennisnetwerk vaktherapie met LVB.

Ik wil mijn collega schrijfster *Merel Smit* (1985) graag aan jullie voorstellen. Merel is een zeer enthousiaste, ervaren psychologe, die letterlijk en figuurlijk al veel van de wereld heeft gezien. Ze weet waar ze over praat en gebruikt alle mogelijkheden tot communicatie die tot haar beschikking staan. Geen spel, rollenspel of opdracht laat ze onbenut om zo goed mogelijk aan te sluiten op het kind of de groep die ze voor zich heeft. Haar aanstekelijke enthousiasme en tomeloze energie maken dat ze veel en gemakkelijk aansluiting vindt bij alle typen kinderen en jongeren. Merel is oprecht nieuwsgierig naar wat de kinderen doen en hoe ze denken en sluit schijnbaar moeiteloos aan bij hun belevingswereld. Merel heeft een groot hart voor mens en dier, houdt van gezond eten, sporten en mindfulness.
Merel werkt sinds 2008 met LVB-kinderen en -jongeren. Ze laat zich graag verrassen door nieuwe inzichten en is een echte volhouder. In de afgelopen jaren heeft ze onder andere de volgende opleidingen gevolgd: mindfulness based cognitieve therapie, schematherapie en diagnostiek en behandeling van de SGLVG-doelgroep en Signs of Safety en Oudertraining 3x groei.

Dankwoord

De laatste woorden in dit boek willen we richten aan jullie als lezer en gebruiker. We hopen dat dit werkboek aanzet tot enthousiasme en nieuwe manieren om kwetsbare kinderen belangrijke vaardigheden te leren en positieve ervaringen te laten opdoen. We hebben deze module geschreven vanuit de ervaringen die wij zelf in de loop der tijd hebben opgedaan. De methode is natuurlijk ontstaan vanuit eerdere methodieken en ervaringen, gedachten en inspirerende studies. We danken iedereen die bijdraagt aan kennis en kunde rondom LVB en psychiatrie. We hebben geprobeerd te verwijzen naar actuele ontwikkelingen en inspirerende mensen. Mochten er nog prachtige onderzoeken en artikelen zijn die we niet hebben genoemd: onze oprechte excuses hiervoor.

Een aantal mensen is enorm belangrijk geweest bij het ontstaan en het beschrijven van de methode. Allereerst Aart Vriens, voor de inspirerende start, de kennis en kunde die hij deelde en zijn onophoudelijke steun. Marca Geeraets, voor de feedback en hulp bij het onderbouwen. Irene Meijer, voor de hulp bij het consistent maken van de methode tijdens de ontwikkelfase en de betrokkenheid. Partners bedankt voor de grote hoeveelheid koppen thee en het om ons heen sluipen als we gebogen achter de laptop zaten. De lezers die ons met kritiek, vragen en complimenten bestookten, en de uitgever voor het geduld.

Last but not least willen we de kinderen bedanken. Zij maakten ons elke dag weer vrolijk en enthousiast voor het werken met deze doelgroep. Soms was het zwaar, maar zij toverden telkens weer een lach op ons gezicht.

A child whose behavior pushes you away is a child who needs connection before anything else (K. Bartlett, *encouraging words for kids*).

MIX
Papier aus verantwortungsvollen Quellen
Paper from responsible sources
FSC® C105338

If you have any concerns about our products,
you can contact us on
ProductSafety@springernature.com

In case Publisher is established outside the EU,
the EU authorized representative is:
**Springer Nature Customer Service Center GmbH
Europaplatz 3, 69115 Heidelberg, Germany**

Printed by Libri Plureos GmbH
in Hamburg, Germany